Carlos Adolfo Garcia

Consideraciones acerca de la Empresa y representantes en el Deporte

Carlos Adolfo Garcia

Consideraciones acerca de la Empresa y representantes en el Deporte

Regulación Jurídica de la actividad de los agentes deportivos

Dictus Publishing

Cover image: www.ingimage.com

Publisher:
Dictus Publishing
is a trademark of
International Book Market Service Ltd., member of OmniScriptum Publishing Group
17 Meldrum Street, Beau Bassin 71504, Mauritius

Printed at: see last page
ISBN: 978-613-7-34892-5

Análisis Jurídico de la figura del Agente Deportivo en Argentina y el Derecho Comparado

Tema: "Análisis Jurídico de la figura del Agente Deportivo en la Argentina y el Derecho Comparado"

Autor: Carlos Adolfo Garcia

Materia d estudio: Derecho del Deporte

Profesión: Abogado

Ciudad: Ciudad Autónoma de Buenos Aires

Año: 2018

Indice

I. Introducción

El deporte de alto rendimiento o de competencias profesionales exige que los deportistas y clubes no puedan ceder un mínimo de ventaja a sus competidores, ya que esto implicaría un desmedro o atraso en su carrera o proyecto. Para ello necesitan maximizar sus resultados y rodearse de profesionales en cada área, de forma tal que su performance en la competición sea de excelencia. En el marco de esta nueva visión colectiva de un deportista y de los clubes, es necesaria la intervención de Agentes o Representantes, que dotados de conocimientos jurídicos lo asistan y faciliten su desarrollo en el mercado deportivo.

La compleja y muchas veces confusa conformación del marco jurídico y procedimiento en el ámbito federativo del deporte, hace que la intervención en dichos órganos no sea sencilla o por lo menos simple para un administrador de un club sin conocimientos específicos en la materia y mucho menos para un deportista que asume su tiempo y esfuerzos en adquirir mayores destrezas físicas y no en conocimientos jurídicos. Por esto, las figuras de intermediarios o Agentes logran una especial relevancia a lo largo de los diferentes países.

Como toda actividad jurídica comercial o económica, los Agentes Deportivos, requieren una especial regulación por parte del Estado a fin de garantizar horizontes claros en cuanto a su funcionamiento, conceptualización precisa del instituto, régimen de derechos y obligaciones, facultades de las partes, registración uniforme, entre otros puntos, a fin de materializar una efectiva seguridad jurídica al instituto y su eficiente funcionamiento.

En el siguiente estudio comenzaremos por un breve marco histórico de la figura, luego nos enfocaremos en conceptualizar el instituto de Agente Deportivo en el ámbito federativo y legislativo nacional, como así también su recepción jurídica en el derecho comparado americano y Europeo, un especial análisis en seleccionadas resoluciones del CAS (*Court of Arbitration for Sport)* y sentencias de Tribunales Ordinarios Argentinos donde se expusieron y resolvieron conflictos vinculados con Agentes Deportivos y finalizando con los puntos a considerar para su oportuna regulación a nivel Nacional.

II. Aspectos económicos- deportivos del Fútbol

El marco comercial deportivo internacional reviste una multiplicidad de factores que llevan a que el desarrollo de la disciplina como asi también el producto televisivo o *merchandising* sean cada vez más influenciados por las necesidades y exigencias que se exponen en el día a día. Por dar un ejemplo que grafique dicho fenómeno, podemos nombrar el determinante impacto que tiene el deporte como producto de espectáculo, emitido en señal de televisión, en un estudio llevado adelante por EY (Ernst and Young) titulado "*The economic impact of the Premier League*" (en castellano "el impacto económico de la Liga Primera") detalló que en la temporada 2013/2014, la emisión del campeonato televisado llegó a 185 países y los ingresos por derechos de transmisión (en inglés "*Broadcasting right value*" ascendieron de 11 millones en la temporada 1987/1988 a 1732,5 millones en la temporada 2013/2014 y arrojando un impresionante valor de 772 millones de dólares condensando todas las ligas alrededor del mundo en la misma temporada reflejando un negocio creciendo a pasos apresurados impactando su desarrollo en todas las áreas implicadas.[1] Continúa el estudio mencionando que la transmisión deportiva logra su "ciclo de crecimiento" (en inglés: "*The cycle of growth*"), donde se encuentra la inversión, luego el interés por el producto, el éxito comercial sostenido y por último la distribución equilibrada y el desarrollo.[2]

Considerando el creciente incremento en los valores de los derechos de televisión y su expansión a infinidad de mercados a nivel global, la exposición de los deportistas, en este caso futbolistas, en los partidos oficiales o amistosos a través de imágenes o fotografías que circulan inmediatamente a una infinidad de personas, genera un efecto derrame en cuanto al valor y la importancia que adquieren los derechos de imagen del deportista, influye en el valor de transferencia o venta que detente el futbolista, entre otros factores. Todo ello obliga a que las legislaciones nacionales otorguen un marco regulatorio eficaz y concreto a la hora de documentar y resolver disputas o discusiones en torno a los derechos y márgenes de ganancia que se generan.

[1] Cfr. *Ernst and Young LLP*, "*The economic impact of The Premier League*", London 2015, pág. 3. Disponible en http://www.ey.com/Publication/vwLUAssets/EY_-_The_economic_impact_of_the_Premier_League/$FILE/EY-The-economic-impact-of-the-Premier-League.pdf disponible el : 03/02/2018 .

[2] *Ibidem.*

El Centro Internacional de Estudios de Deportes (en inglés "International Centre for Sports Studies) a través del Centro Observación del Fútbol (en inglés "CIES Football Observatory", de ahora en adelante "CIES-FO") ubicados en Neuchâtel, Suiza detalló en su tradicional "reporte mensual" de análisis y estadísticas deportivas que desde el año 2010 las indemnizaciones por traspasos pagadas por las cinco más grandes ligas del planeta (entiéndase La Premier League, La Liga de España, Bundesliga de Alemania, La Serie A de Italia y la Liga Francesa, de ahora en adelante "Top-5") ha incrementado por quinto año consecutivo, llegando a un récord de 5.9 billones de Euros, es decir un 41% más en comparación con el año anterior. Si sólo tomáramos en cuenta las transferencias de verano, la diferencia se estira a 38% más que en 2016, es decir, de 3.7 a 5.1 billones de Euros.[3] Estos datos objetivos que refleja el estudio demuestra la gran actividad que actualmente se encuentran realizando los Intermediarios (de ahora en adelante "Intermediarios") registrados en cada Asociación Nacional.

Tomando el dato del párrafo anterior, es decir, el 5.1 billones de Euros en volumen de gastos en transferencias pagadas, el 37% de ello fue entre clubes de la misma liga profesional, el 34% entre cinco Ligas más importantes[4], lo cual nos demuestra que la actividad de los Intermediarios en su mayor medida se condensa en una misma liga de fútbol profesional, lo cuál hace necesario que los registros y publicidad que exige la *Federation Internationale de Football Association* (en castellano Federación Internacional de Fútbol Asociados, de ahora en adelante FIFA) sean muy precisos y sostengan una legitimidad y seguridad jurídica para este gran mercado en desarrollo que son las transferencias nacionales. En cuanto al 34% correspondiente a traspasos entre las cinco ligas "más importantes", es interesante remarcar que aquí yace una de las razones que sustentan la denominación de "importante" o "poderosa" a esas ligas, porque concentran un poder adquisitivo y monetario muy por sobre encima de las demás ligas profesionales de fútbol actuales.

En la "Publicación Semanal" número 213 de CIES-FO donde se analiza el mercado de transferencias de las Ligas Top-5, donde la Premier League Inglesa vuelve a encabezar la lista con 545 millones de Euros en concepto de gastos en esta ventana de transferencias de lo que va del año 2018, donde su más inmediato perseguidor es La

[3] Cfr. International Centre for Sports Studies, *Monthly Report Nº 27 – Transfer market analysis*, September 2017, Neuchâtel, Suiza, point 2, figure 1. Traducción de mi propia autoría. Disponible en: http://www.football-observatory.com/IMG/sites/mr/mr27/en/ , disponible el día 05/02/18.
[4] *Ibídem*, Figure 4.

Liga de España con 319 millones de Euros. El total de gastos comprendiendo el Top-5 llegó al récord de1067 millones de Euros, muy superior comparado a los 786 millones de Euros del año 2017.[5] Si observamos estos datos no queda la menor duda que las ventanas de transferencias se han estado desarrollando y adquiriendo importancia monetaria en sus valores y volúmenes, lo que implica más ingresos tributarios-fiscales y porcentajes en concepto de honorarios para los Intermediarios. Un ejemplo de ello es la transferencia de Philippe Coutinho desde el Liverpool FC al Barcelona FC, una operación de 160 millones de Euros. Este mercado de importancia considerable tiene la necesidad de regulación indispensablemente efectuada por el órgano legislativo de cada Nación, ya que se efectúan operaciones de venta y cesiones de derechos por sumas enormes.

Los Representantes de futbolistas se encuentran íntimamente relacionados con todo este circuito de influencia, ya que su actividad constituye un motor de promoción, movimiento y profesionalización del deporte y sus recursos. Estos actores (discutidos en cuanto a su denominación Agentes Deportivos /Representantes/ Intermediarios) habitualmente se encuentran negociando y/o gestionando tratos o acuerdos que ascienden a sumas millonarias sumado a las responsabilidades que detentan en dichas operaciones, resulta insólito que no se encuentre regulado su actividad por una Ley de carácter Nacional emanada del órgano legislativo donde se establezcan directrices, derechos y obligaciones de las partes como así también su naturaleza jurídica contractual, entre otros matices.

En cuanto al Basquet, el mercado no es menor, y eso lo demuestra un reciente estudio donde se detalla que los ingresos totales por la NBA (por sus siglas en *inglés National Basketball Association*) en la temporada 2015-2016 fueron 5.87 billones de dólares americanos.[6] Lo cuál a pesar de ser un mercado donde la Asociación y entidades deportivas se encuentran en orto país, la transferencia de un deportista argentino puede operar a ese mercado y los valores comerciales y de transferencia tomarían protagonismo.

---

[5] Cfr. Raffaele Poli, Roger Besson and Loïc Ravenel, CIES Football Observatory, *Weekly Post 213,* Suiza, 05/02/2018,. Disponible en: http://www.football-observatory.com/IMG/sites/b5wp/2017/213/en/ , Disponible el : 06/02/2018.

[6] Cfr. *The Statistics Portal, Total NBA league revenue from 2001/02 to 2015/16,* New York, Disponible en: https://www.statista.com/statistics/193467/total-league-revenue-of-the-nba-since-2005/ , diponible el: 13/02/18.

III. Importancia económica de la actividad de los Agentes deportivos

Acorde a las estadísticas obtenidas en relevamientos salariales llevado a delante por el Departamento de Estado de Los Estados Unidos de América publicadas en Mayo de 2016 por *Bureau of Labor Statistics* (en castellano "Oficina de Estadísticas Laborales") el salario medio anual de los Agentes Deportivos ascendía a $ 53,180 Dólares americanos, más que una enfermera (con $27.650 dólares de salario medio anual), en cuanto a la salud, más que un asistente de fisioterapia (con $46.170 dólares americanos) y en cuanto a la educación, el salario anual promedio de los Agentes no es demasiado inferior a la de un Profesor de Primaria o secundaria (con $ 59.270 dólares americanos).[7] No es de extrañar que la legislación de los Estados Unidos referida a los Agentes de Deportes, sea una de las que más desarrollo presenta en la actualidad.

IV. Órganos de representación colectivos de los Agentes Deportivos

La Organización Internacional de Trabajo (De ahora en adelante la "OIT") llama a formar, regular y desarrollar "diálogos sociales" para la mejora de las condiciones de trabajo, desarrollo del sector y la posibilidad de facilitar el diálogo entre los diferentes actores. El "diálogo social" a nivel Europeo o Nacional de un país Europeo, puede ser definido como toda acción que promueve el entendimiento entre los diferentes elementos de una sociedad y en este sentido es posible coordinar esta idea con el establecimiento de organizaciones que nuclean a los Agentes. Una importante asociación en este sentido es la Asociación de Mánagers Atléticos (en inglés "*Association of Athletics Managers") creada en el año 2006; Asociación Internacional de Agentes de Futbol (en inglés "International Association of Football Agents IAFA)* entre otros *;* a nivel continental encontramos La Asociación de Agentes de Básquet Europeo (en inglés *:"Association of European Basketball Agents AEBA);* La Asociación Europea de Agentes del Fútbol (en inglés: " *European Football Agents Association EFAA),* entre otros*; y* finalmente a nivel nacional en Inglaterra *"The Football Agent Association"* (en castellano "Asociación de Agentes de Fútbol"); en

[7] Cfr. *United States Departamet of Labor, Burdeau of Statistics Labor,* 2016, NE Washington, DC. Disponible en https://www.bls.gov/oes/current/oes_nat.htm#25-0000 , disponible el: 09/02/2018.

España la "Asociación Española de Agentes de Futbolistas (AEAF), la Asociación Española de Agentes Deportivos (AEAD), La Asociación de Agentes del Rugby (en inglés: *"Association of Rugby Agents*" ARA), entre otros.[8]

Como se grafica en el párrafo anterior, es evidente que la actividad de representar e asistir jurídicamente a un deportista tiene un respaldo desde el punto de vista representativo, ya sea gremial o sindical, donde profesionales que desarrollan la misma actividad se nuclean y defienden derechos, desarrollan planes estratégicos, definen criterios de acción, colaboran en la redacción de normas, asisten a los Agentes y toda otra acción tendiente a profesionalizar dicha actividad. Esto es un elemento valioso al momento de considerar su autonomía como instituto jurídico distinto, lo ccual llama a su regulación en particular.

V. Presencia de Agentes deportivos en Países de la Unión Europea

En un relevamiento de los agentes de deportes (De ahora en adelante "Agentes"), se observó que en los 27 países que conformaban la Unión Europea, en todos ellos había Intermediarios de Fútbol, en 21 países se localizaron registros de agentes relacionados al Básquet y en 20 países agentes que se desempeñan en el Boxeo por nombrar los de más significancia. Sin embargo, si tomamos el *Taekwon-do*, el Triatlón o el *Surfing* o el *Weightfighting* (levantamiento de pesas) el estudio no pudo identificar registros de Agentes, si de *mánagers* que prestaron algún servicio de asistencia en cuanto a derechos de imagen, etcétera. Por otro lado, se observa que Francia y Alemania son los países que poseen más deportes con presencia de Agentes y Malta tan solo tenía en Fútbol. Es decir que los Agentes operan en al menos algún deporte en todos y cada uno de los países de la Unión Europea (de ahora en adelante la "EU").[9] La distribución de los Agentes deportivos se desarrolla en mayor medida en los países más desarrollados, y los deportes más solicitados se ven supeditados a condiciones climáticas, infraestructura y demanda por parte de la sociedad. Pero sin duda la necesidad de su regulación se sostiene en todos los países de la UE.

---

[8] *Ibíd, páginas 55-61.*

[9] *Ibídem, Study on Sports Agents in the European Union,* pags. *35 y 36.*

VI. Origen de la Figura "Agente Deportivo"

El origen de la figura "Agente Deportivo" como se conoce hoy en día, tiene su aparición en la década de 1960, en los Estados Unidos de Norteamérica, donde un abogado llamado Mark McCormack, de ahora en adelante: "Mark" (fundador de la empresa "International Management Group"), representaba a un golfista llamado Arnold Palmer. Mark no solo fue el pionero en esta figura jurídica, sino que su asistencia y representación se extendió más alla de las negociaciones por un contrato, llegando a asesorar inversiones de dinero de su cliente y acordar tratos con patrocinadores y la gestión de derechos de imagen.

Otras fuentes señalan que para encontrar el origen de esta actividad representativa de deportistas hay que remontarse a Charles "Cash & Carry Pyle", quien en 1925 negoció el contrato entre Harold Red Grange y los Chicago Bears, consiguiendo para su representado un salario garantizado de 3.000 $ por partido además de otros 300.000 $ adicionales por la explotación de sus derechos de imagen.[10] Red Grange se convirtió en el primer futbolista en ser representado en sus derechos por otra persona. Red fue un atleta de alto rendimiento en en cuatro deportes diferentes (track, fútbol, Béisbol y Basquetbol) en Universidades de renombre en los Estados Unidos. Fue en el año 1923 cuando el equipo de Red Grange se convirtió en imbatible ganando el bicampeonato y obteniendo distinciones personales por su destacado rendimiento. Cuando iba a disputar su último partido por la Universidad de Illinois firma su primer contrato profesional con Chicago Bears (con un ingreso sumamente superior a la media existente en el mercado en ese momento, lo cual marcó un éxito en las negociaciones de su agente).[11]

La era moderna donde el desarrollo del mercado y la actividad estimuló a Mc-Cormack a fundar una firma *International Management Group* (en castellano, "Grupo Internacional de Gestión" IMG) exige un acompañamiento simultáneo de las regulaciones jurídicas, de manera tal que la actividad se encuentre en un marco de expansión y gestión jurídica segura.

---

[10] Cfr. Feliciano Casanova GUASCH y José Luis Carretero LESTON, "*El estatuto jurídico del Agente de Deportistas, Estudio de su problemática Jurídica*", Madrid, España, 2015, págs. 22,23 y 24.

[11] Cfr. GRAY T. James, *Sports Law Practice – Third Edition, Volume* I, ST Francisco California, EEUU, 2009. Section 10.06.

VII. Hacia una definición de Agente deportivo

Entendiendo la multidisciplinaria actividad que en la práctica realizan los agentes deportivos, ya sea en el fútbol propiamente dicho o en los demás deportes no es tarea sencilla entregar una definición concreta sin caer en la imprecisión.

La existencia de una regulación privada (Reglamentos) y también en su mayoría pública (entiéndase Leyes Nacionales) existen definiciones legales y doctrinales.

Un estudio realizado en conjunto por European Affairs (en castellano "asuntos europeos"), *Centre de Droit et Economie du Sport* (en castellano "centro de Derecho y Economía del Deporte") y el *European Observatorie of Sport and Employment*, lleva adelante un análisis donde define al Agente Deportivo como: una persona que natural o legalmente o bien regular u ocasionalmente se compromete en uno o más de las siguientes actividades a cambio de una retribución económica: Acercar a dos partes interesadas en concretar un contrato relativo a una actividad deportiva remunerada; negociar y concluir diferentes tipos de contratos en nombre de un deportista profesional como contratos de derechos de imagen, contratos de publicidad, etcétera; y Administrador del patrimonio de un deportista profesional.[12] La definición elaborada en este estudio es amplia, contemplando la actividad de un "agente deportivo" no solo como un representante, sino también como un colaborador u auxiliar del tráfico deportivo profesional y jurídico de su representado y hasta se contempla una actividad de administración patrimonial, es decir, una persona que se encarga de una serie de actos jurídicos atenientes a otra persona.

Un detalle a tener en cuenta es el hecho si el deportista es de deportes individuales o en grupo. Los deportistas del primer orden llevan adelante su actividad profesional de forma individual, es decir no firman un contrato en relación de dependencia y los del segundo orden, es decir, los deportistas de disciplinas grupales llevan adelante un vínculo laboral en relación de dependencia con el club a cuál representan oficialmente y

[12] Cfr. European Affairs , *Centre du Droit et Economie du Sport* y *European Observatorie of Sport and Employment, Study on Sports Agents in the European Union,* 2009, pás 25 y 26.Traducción de mi propia autoría. Disponible en : file:///E:/Charly/Ley%20agente%20deportivo/agentes%20deportivos/study-sports-agents-in-eu.pdf Disponible el: 27/01/2018.

además la explotación profesional de sus derechos de imagen. Por ello la actividad de un representante/ agente de deporte tiene una sideral importancia en la concreción de contratos y negociaciones económicas que van más allá de trámites ante organismos deportivos, sino que incluyen vinculaciones con empresas de publicidad, marcas deportivas, etcétera.

VIII. Prestaciones habitualmente suministradas por un Agente de Deportistas

Los Agentes de Deportistas (AD) han ido adquiriendo, con el pasar de los años y el desarrollo del mercado deportivo, una infinidad de facultades que conllevan responsabilidades. En sus inicios, solo era ofrecer un servicio de corretaje y acercar a las partes, pero sin embargo hoy en día sus tareas incluyen asesorías en inversión, impuestos, imagen, etcétera. A continuación enumeramos brevemente las tareas habituales que desempeña un Agente de Deportistas, más allá de lo que mencione la jurisprudencia Argentina y definiciones en el marco federativo:

- Corretaje, es la función más importante de un AD, fundamentalmente por ser quien tiene los conocimientos de negociación y derecho para acercar a ambas partes y velar por el acuerdo de más beneficios para su deportista;
- Asesoría, siendo la persona de confianza de un deportista, es quien lo asesora en una infinidad de materias, a saber: legal, derechos de imagen y publicidad, comunicación pública, impuestos, etcétera.
- Organización de eventos deportivos arancelados o benéficos, esto se observa con más frecuencia en el caso de un agente operando en nombre de un club deportivo o en el caso de deportistas que compiten en disciplinas individuales, tenis o atletismo por ejemplo.
- Asistencia legal en materias ajenas al deporte, es el caso de trámites migratorios, impositivo u otras circunstancias jurídicas que afecten a la persona del deportista.
- Miembro del *staff* de trabajo de los clubes: En ocasiones, el Agente se vincula con los clubes estableciendo su servicio como un engranaje más del funcionamiento de la empresa, aportando su conocimiento y capacidad.

IX. Definición Jurídica de Agente deportivo a nivel Federativo

Al momento de precisar un instituto jurídico, es indispensable definirlo para poder evidenciar su marco de acción, sus facultades, su posición en el mercado y su naturaleza jurídica.

En diferentes disciplinas deportivas la figura de Agente Deportivo se encuentra regulada y definida, inclusive en algunas su denominación sufre alteraciones significativas que amenazan con desfigurar o alterar el instituto jurídico como por ejemplo ocurre en el Fútbol Profesional cunado la FIFA lo define en su reglamento.

Continuando con lo mencionado en el párrafo anterior, en el "Reglamento sobre Relaciones con Intermediarios"(de ahora en adelante: "RRI") sancionado por el Comité Ejecutivo de la FIFA el 21 de Marzo de 2014, que entró en vigencia el 1ro de Agosto del año 2015 define a un "Intermediario" como: a toda "persona física o jurídica que, a cambio de una remuneración o gratuitamente, actúa como representante de jugadores y clubes con miras a negociar un con-trato de trabajo o como representante de clubes en negociaciones con miras a celebrar un contrato de traspaso", y más adelante en el mismo artículo 4° del RRI establece que cuando se refiere a personas físicas, refiere a Personas Jurídicas, sean masculinas o femeninas, como así también el uso indistinto de plural o singular.[13] Aquí la definición intenta ser lo más precisa, aunque inclina a una confusión generalizada el término "Intermediario", ya que con su incorporación a la *Lex Sportiva* de FIFA, los debates en cuanto a su alcance, precisión, facultades (derechos y obligaciones del intermediario), posibilidad de resolución`´on de conflictos originados de este instituto, entre otros tópicos, han generado debates aún no resueltos del todo. Nos dedicaremos con precisión mas adelante.

En el ámbito del Básquetbol, la *International Basketball Federation (* En castellano: Federación Intrenacional de Basquet, de ahora en adelante FIBA) entrega una denominación diferente: Agentes de Jugadores, los cuales deben estar licenciados por la FIBA quienes asistirán en las transferencias internacionales de jugadores o

---

[13] Cfr. *Fedèration Internationale de Football Association*, Reglamento sobre las Relaciones con Intremediarios, Suiza, 2015, capítulo IV. Disponible en: http://es.fifa.com/mm/Document/AFFederation/Administration/02/36/77/63/2WorkingwithIntermediaries ESweb_Spanish.pdf , disponible el: 19/02/2018.

entrenadores. De estas líneas se observa que toda actuación de un Agente sin la licencia correspondiente en el marco de este deporte no tendrá validez jurídica.

Asimismo el Agente de Jugadores de FIBA está autorizado a representar o salvaguardar los intereses de los clubes o de los jugadores profesionales, depende por cuál esté abogando.

Si bien no existe un artículo que defina de forma concreta o describa su accionar, toda su actuación y caracteres generales surgen de una serie de artículos dentro del capítulo 4° del Reglamento de FIBA.[14]

Moldeando un paralelismo entre las regulaciones de los máximos organismos del Básquet y Fútbol, encontramos que la licencia es necesaria para su actuación en ambos (con la salvedad que en el marco de FIFA la licencia las otorgan las Asociaciones Nacionales y en FIBA las emite ella misma, reservándose así las entrevistas y el poder de policía en este sentido), el marco de acción en cuanto a representación de clubes y jugadores es el mismo, en ambos se evita el denominado "conflicto de intereses", los conflictos se someten en grado de apelación a FIBA Tribunal Arbitral y como última instancia al TAS (*Tribunal Arbitral du Sport*), entre otros puntos.[15]

En el marco de la International Boxing Federation (en castellano "Federación Intrenacional de Boxeo", de ahora en adelante IBF), no existe una regulación específica en cuanto a la representación deportiva de los deportistas como existe en el Reglamento FIFA, y mucho menos una definición que lo delimite con precisión. Más allá de ello, en el Reglamento de Estatuto de la Federación Internacional de Boxeo (Bylaws of International Boxing Federation) se establece la posibilidad de que oficiales, agentes entren o ejecuten un instrumento en nombre de o detrás de una corporación.[16] Esto posibilita la intervención de un Agente Deportivo, aunque como bien manda el reglamento de la IBF, solo cuando el Consejo lo entienda conveniente.

---

[14] Cfr. *International Basketball Federation, Regulation Governing Players´ Agents,* 2006, Suiza, disponible en: *http://www.fiba.basketball/downloads/training/agents/Regulation%20Governing%20Players%27%20Agents.pdf*, disponible el: 20/02/2018. Traducción de mi propia autoría.

[15] Cfr. *FIBA Arbitration Tribunal, Arbitration Rules*, Suiza, 2007, capítulo 0.3. Disponible en : http://www.fiba.basketball/downloads/training/agents/FAT_Arbitration_Rules.pdf?v2 , disponible el: 20/02/2018. Traducción de mi propia autoría.

[16] Cfr. *International Boxing Federation, Bylaws of IBF,* Estados Unidos NJ, 2002, Arts. VI y VII. Disponible en http://www.ibfusbaregistration.com/ibfusba_02APR2014/downloads/IBFBylaws.pdf , disponible el 22/02/2018.

En cuanto a el procedimiento, todas las acciones incoadas por un deportista a la IBF deben ser bajo las leyes de aplicación en el Estado de Nueva Jersey Estados Unidos y en el marco de la Corte Federal de dicho Estado norteamericano. Se establecen dos tipos de procedimientos, el Informal y Formal, la característica común en ambos es que el deportista debe actuar bajo un "Representante designado" (en inglés "representative designated") siendo opcional en el primer procedimiento y un requisito *sine qua non* en el segundo.[17] Si bien existe un vacío reglamentario en cuanto a la figura de un Agente Deportivo, se encuentran sintéticas referencias y regulaciones a determinadas actuaciones de los deportistas que son llevadas adelante por terceros que ofician de representantes, defendiendo sus derechos o administrando sus intereses.

La Asociación Internacional de Federaciones de Atletismo (en inglés *International Association of Athletics Federations IAAF)* regula la autorización, registro, obligaciones y facultades de los Agentes Deportivos a través de un Reglamento a los que denomina *Athletes´ Representatives* (en castellano: Representantes de Atletas, de ahora en adelante "AR"). La definición de AR establecida en el Reglamento refiere a una persona que debidamente autorizada y registrada de acuerdo con las regulaciones que establezca la IAAF. Si bien esta definición pareciera algo imprecisa, la misma se complementa con el detalle de obligaciones que a mi juicio condensan los principios y facultades básicas de un representante como lo son: realizar los servicios en los acuerdos por escrito con destreza y cuidado; estar informado acerca del calendario de competición del atleta representado, asistir en toda reunión, convocatoria que realice el entrenador, Federación en cuanto al planeamiento, compromiso acerca de una negociación en particular; conducirse de forma ética y observar los más altos estándares de integridad y trato justo; evitar conflictos de intereses; no actuar más que por los intereses de una parte en una transacción o negociación; No tomar ningún paso en torno a incitar a su representado a infringir obligaciones contractuales; llevar adelante un esfuerzo por asegurar que su atleta representado recibe todos los documentos impositivos verificando el pago de cualquier impuesto que ha sido deducido además de informar a la IAAF en el caso de que no se expidieran en tiempo y forma algún comprobante impositivo, entre otros.[18] En

[17] Cfr. *International Boxing Federation, IBF Rules Governing Championship Contests,* New Jersey, EEUU, 2006, page 26. Disponible en *http://www.ibfusbaregistration.com/ibfusba_02APR2014/images/pdfs/IBFChampionshipContestRules0218.pdf*, disponible el: 22/02/2018.

[18] Cfr. *International Association of Athletics Federations, IAAF Athletes´ Representatives Regulations,* Senegal, 2012, capítulos 1° y 8°. Disponible en

el marco de esta regulación de carácter federativa, encontramos una particularidad a resaltar: se detalla el hecho de llevar adelante asistencia impositiva en canto a su desarrollo deportivo, lo cual es una particularidad que de alguna manera amplía el accionar de un Agente Deportivo.

La *International Rugby Board* (en castellano Consejo Internacional del Rugby, de ahora en adelante IRB), establece que cada Unión de Rugby Nacional es responsable de la regulación de los AD que actúen en nombre de sus miembros, es decir en nombre de personas o clubes, dentro de su jurisdicción. Toda regulación, continúa, deberá estar registrada en *World Rugby,* siempre respetando una serie de principios: actuar de buena fe, evitar el conflicto de intereses en la negociación que lleve adelante, la exigencia de un comportamiento ético y los más altos estándares de conducta y trato justo, la exigencia de tener contratado un seguro de responsabilidad profesional vigente, las licencias otorgadas por las Uniones Nacionales (de ahora en adelante: UN) son personales e intransferibles, se delega el poder disciplinario sobre el accionar de los agentes a las UN, entre otras exigencias. Se establece un límite temporal para la firma de contratos entre Agentes y Jugadores que no puede ser mayor de 2 años, los cuales deben ser por escrito.[19] La situación de los AD dentro del Rugby a nivel federativo es similar al de la FIFA en cuanto a la delegación expresa en las federaciones nacionales, en este caso en particular, en las UN.

Si bien existen ciertas características similares que se comparten en cuanto al registro para su autorización y debida actuación, los Agentes Deportivos son considerados a nivel Federativo Internacional, en general como representantes adquiriendo dicho estatus al momento de obtener la autorización y debido registro. En el caso de la FIFA, esto esta delegado de forma expresa y operativa en las Asociaciones Nacionales, y en el caso de la IAAF es ella quien conserva ese poder de policía.

---

file:///C:/Users/Usuario/AppData/Local/Temp/IAAF%20Athletes'%20Representatives%20Regulations%202012%20-%20amended%20April%202014.pdf Disponible el 23/02/2018.

[19] Cfr. *WORLD RUGBY*, Regulación 5, 2016, . Disponible en: https://www.worldrugby.org/handbook/regulations/reg-5, disponible el: 25/02/2018.

X. Definición Jurídica de los Agentes de Deportes de carácter Legislativo

Existe una eminente obligación estadual de regular las actividades comerciales y económicas que existan dentro de su jurisdicción y competencia en el territorio nacional. En el caso de la actividad de los AD, esto no ha ocurrido en Sudamérica lo cual no permite el desarrollo concreto y jurídicamente ordenado de este oficio. En cambio existen legislaciones como la de Estados Unidos, Portugal y Francia donde se recepta esta cuestión a través de Leyes Nacionales emanadas de congresos republicanos las cuales nos entregan una definición que a continuación detallaremos.

En Estados Unidos se encuentra la Ley de Responsabilidad y Confianza de los Agentes de Atletas (en inglés "*Sports Agent Responsibility and Trust Act", SARTA*) que define a los Agentes de Atletas como un agente individual quien concreta un Contrato de Agencia con un atleta estudiante de forma directa o indirecta y esto no incluye algún familiar o persona legalmente a cargo del joven.[20] Esta definición presume que un Agente de Deportes adquiere dicha personalidad al momento de concretar un contrato de agencia, no refiere a cualquier otro servicio que pueda brindar. El contrato de Agencia, en nuestra legislación conlleva llevar adelante negocios por cuenta de otro siendo dicha actividad estable, continuada e independiente sin relación laboral alguna a cambio de una retribución económica.[21]

Lo interesante del caso norteamericano es que solo define la figura del AA, sino que traza un concepto de cada figura que interviene en la actividad, evacuando cualquier tipo de interpretación extra legal. Evaluaremos en profundidad la norma más adelante.

El derecho portugués define a aquellas personas singulares o colectivas, registradas, llevan adelante la tarea de representación o intermediación, ya sea permanente u ocasionalmente a cambio de remuneración, en la firma de contratos de formación deportiva, trabajo o derechos de imagen.[22] Esta definición contempla mayores elementos que permiten ubicar con mayor precisión la actividad jurídica en desarrollo, y

---

[20] Cfr. *CONGRESS OF UNITED STATES OF AMERICA, 'Sports Agent Responsibility and Trust Act"*, Estados Unidos, sec. 2. Disponible en sitio web: https://www.senate.gov/legislative/active_leg_108.htm . Disponible en línea el día: 28/01/2018.

[21] Cfr. Congreso de la Nación Argentina, Código Civil y Comercial de la Nación Argentina, Buenos Aires, 2015, art. 1479. Disponible en sitio web: http://servicios.infoleg.gob.ar/infolegInternet/anexos/235000-239999/235975/norma.htm Disponible en línea el dia: 28/02/2018.

[22] Cfr. *ASSEMBLEIA DA REPUBLICA*, *Diário da República 1ª Série Nº 11 lei* N° 5, 2007 , Lisboa, arts 37 y ss. Disponible en: https://dre.pt/application/conteudo/522787 , Disponible el día :27/02/2018. Traducción de mi propia autoría.

exige no solo su registro para adquisición del estatus de Agente, sino que además se incorpora un elemento temporal con el ánimo de lucro.

En el marco del Derecho deportivo francés, el Código deportivo de Francia, agrega una exigencia de constante capacitación del Agente Deportivo licenciado por la federación (en francés "*Agent Sportif*").[23] Esta exigencia se debe a la firme posición de los órganos deportivos de garantizar que los profesionales brinden la mejor calidad en sus servicios a sus clientes y que el mercado de transferencias y representación se desarrolle firmemente.

XI. Regulación legislativa de los Agentes de Deportistas en el Derecho Comparado

En la actualidad no existen demasiados países que hayan legislado a nivel nacional, es decir por parte de un Estado soberano o de derecho, la actividad onerosa o gratuita de un Agente de Deportistas. Esto se observa a lo largo de toda América Latina y en gran parte de Europa.

La República de Hungría en su Ley N° I del año 2004, en su artículo 11° recepta de manera particular este fenómeno determinando que las operaciones de transferencias y reclutamiento de atletas profesionales pueden ser concluidos a través de AD en el caso de que éstos se encuentren debidamente registrados en la Federación Deportiva específica. Además, la Ley delega a las Federaciones u Asoc. Nacionales la reglamentación de los registros y contrataciones de deportistas que deben estar coordinados con los requisitos exigidos para los AD.

Continúa la norma, estableciendo el derecho en cabeza de los AD a recibir comisiones por cada mediación en la que intervengan.[24] A pesar de solo contemplar un exiguo artículo para la regulación de la actividad, es interesante soslayar que es una Ley de

[23] Cfr. *Ministère des Sports, Code du Sport, París, 2018, título II Capítulo II. Disponible en sitio web : https://www.legifrance.gouv.fr/affichTexteArticle.do;jsessionid=BA959E5C8D4460490E1FFE506A3F4A8F.tplgfr35s_2?cidTexte=JORFTEXT000035402504&idArticle=LEGIARTI000035404683&dateTexte=20170812 Disponible el día: 28/02/2018.*

[24] Cfr. *THE GOVERNMENT OF HUNGARY, Act I, 2004,* art 11. Budapest. Disponible en: http://www.aikido-szakszovetseg.hu/doc/lawonsport.pdf . Disponible el: 25/02/2018. Traducción de mi propia autoría

carácter Nacional, lo cual denota la intervención directa de un Estado en la custodia de los derechos en esta actividad.

Otra Nación pionera en contemplar la actividad fue La República de Portugal, denominando al AD como un “Empresario Deportivo” (de ahora en adelante ED), que es una persona singular o colectiva, que debidamente autorizada, ejerce actividades de representación o intermediación, sea esta ocasional o permanente a cambio de una remuneración por la celebración de contratos deportivos.[25] Esta definición de carácter eminentemente recepta a todas las personas físicas o jurídicas y que se encuentren con las aptitudes psíquicas y jurídicas requeridas. Más adelante se detalla que los registros de ED los llevarán las Federaciones respectivas de cada disciplina deportiva, lo cual a mi juicio carece de practicidad operativa al momento de ejercer la representación de variados deportistas profesionales en diferentes deportes y conlleva una deficiente publicidad de ED.

Continúa detallando la norma que el contrato de trabajo deportivo debe tener la intervención necesaria del Empresario Deportivo en el caso de que sean menores de edad los que suscriban el contrato, lo cual viene a ser una respuesta positiva a las convenciones internacionales de protección de la minoridad.

Además el instrumento legal observa el conflicto de intereses, estableciendo que un ED solo puede actuar en nombre o por una de las partes en la relación contractual.

En cuanto a la remuneración de los ED, solo podrán ser remunerados por la parte que representan y previamente establecido por escrito en el contrato por un máximo de un cinco por ciento del monto total (“global”) del contrato del deportista. Estas limitaciones coexisten de forma interesante con las regulaciones que eventualmente las federaciones lleven adelante, de modo tal que el negocio se encuadra dentro de márgenes lógicos de ganancia.

El punto más importante dentro de los 4 artículos que regulan a los ED lo encontramos en el artículo N° 25, cuando se detalla las limitaciones que conlleva el ejercicio de la actividad: no podrán ejercer cargos en a) entidades deportivas; b) Clubes; c) Ser

---

[25] Cfr. *ASSEMBLEIA DA REPUBLICA, Diário da República I-Série-A nº 145 Lei 28*, Lisboa, 1998, art. 2°. Disponible en https://dre.pt/web/guest/pesquisa/-/search/basic?q=di%C3%A1rio+da+rep%C3%BAblica+s%C3%A9rie+i+a+28%2F98 . Disponible el: 25/02/2018. Traducción de mi propia autoría

Dirigentes Deportivos; d) Titularidad en cargos de órganos deportivos; e) Ser entrenadores, practicantes, árbitros, médicos o masajistas.[26] La recepción de estas inhibiciones, a mi entender, reflejan un importante avance en el desarrollo de la seguridad jurídica y transparencia en el derecho deportivo a nivel Federativo u contractual.

Otra norma portuguesa protege el secreto profesional que debe guardar el ED con respecto a su deportista representado.[27] Evitando que el profesional pueda develar cualquier tipo de proceso o derecho controvertido que esté abogando para su cliente, un ejemplo sería una causa por dopaje presuntamente positivo.

Estados Unidos contiene en su ordenamiento jurídico una regulación de los Agentes de Deportistas en dos órdenes los cuales se encuentran correctamente coordinados: a) a nivel estatal principalmente (algunos Estados Federales como California, Texas y Virginia del Oeste) y b) algunas facultades reglamentadas a través de las Asociaciones Deportivas, es el caso del NCAA (en inglés "*National Collegiate Athletic Association*", en español: Asociación Nacional Atlética Universitaria). Este caso en particular reviste especial atención, para lo cual lo desarrollaremos en el próximo capítulo en detalle.

XII. Especial Regulación Norteamericana en la materia

Estados Unidos tiene una extensa tradición de competiciones deportivas *amateur* o no profesionales, comprendiendo una veintena de diferentes tipos de deportes, los cuales vinculan a instituciones educativas (colegios y universidades) compuestas por atletas jóvenes, que por lo general son parte del alumnado de dichas casas de estudio.

El poder económico de las ligas profesionales de diferentes disciplinas a lo largo del país hizo, y lo hace hoy en día, que muchos jugadores sean incentivados a abandonar los torneos inter universitarios e inscribirse en clubes profesionales. Es en este punto donde aparecían los Agentes de Atletas (*Athlete Agents*, de ahora en adelante AA), aprovechando la deficiente regulación, y captaban los mejores jugadores, dejando desprotegidos a las instituciones educativas en cuanto a ingresos económicos y calidad competitiva del plantel. Muchas veces operaban con maniobras abusivas o de coacción

[26] *Ibídem*, cap. IV, arts 22 a 25.
[27] Cfr. *Lei* 5-2007. Op. Cit. pagina 9. Traducción de mi propia autoría

llegándose a coartar las expectativas de crecimiento del joven deportista. Por estas razones, en la década del 1990, el NCAA tomó cartas en el asunto para solucionar este creciente espectro conflictivo y planificó una Ley que lo regule.

El NCAA es una entidad de carácter asociativa que nuclea a 1117 colegios y universidades, 100 Conferencias atléticas y 40 Organizaciones Deportivas Afiliadas. Otra de sus actuaciones es llevar adelante la organización de 90 campeonatos en 24 deportes diferentes a lo largo de 3 divisiones distintas.[28] En la actualidad, dentro de su esfera se encuentra UAAA (*Uniform Athlete Agents Act*, en castellano Ley Uniforme de Agentes de Atletas) el cuál establece una regulación uniforme para la protección de los estudiantes-atletas, sus agentes y las instituciones educativas por las cuales compiten. La razón de su creación fue la desproporcionada e inescrupulosa intervención de los Agentes a la hora de tomar los jóvenes atletas y llevarlos a competencias profesionales incentivándolos con dinero y perjudicando a las instituciones educativas que lo formaron. Para evitar estas problemáticas el NCAA instó en el año 1997 a la *National Conference of Commissioners on Uniform State Law (* de ahora en adelante :" NCCUSL") para que redacte un código Uniforme de Agentes de Atletas, el cuál finalmente se dictó en la Asamblea Anual del año 2000, siendo Utha el primero en adherirse, llegando a ser 28 Estados Federales Norteamericanos en acompañar la medida durante el primer año.

Su marco de acción se extiende en competiciones universitarias estableciendo a lo largo de más de 30 Estados Federales de Estados Unidos una serie de rigurosos controles a la hora de registrar a los Agentes, como por ejemplo: a) la exigencia de antecedentes profesionales y penales, b) información sobre el atleta, su familia y círculo social, lista detallada de todas las otras jurisdicciones donde el Agente de Atletas se encuentra inscripto; entre otras exigencias.[29]

La problemática que enfrentó la UAAA a partir de su sanción fue la escasa respuesta de los Estados a la aplicación de la misma, ya que tenían un mecanismo rústico e impreciso que aunque variaba de distrito a distrito, tornando extremadamente confuso y

---

[28]Cfr. *NATIONAL COLLEGIATE ATHLETIC ASSOCIATION*, *What is the NCAA?* Sitio web oficial, Indiana EEUU. Disponible en: http://www.ncaa.org/about/resources/media-center/ncaa-101/what-ncaa . Disponible el: 27/02/2018. Traducción de mi propia autoría.

[29] Cfr. *NATIONAL CONFERENCE OF COMMISSIONERS ON UNIFORM STATE LAWS* , *Uniform Atlete Agent Act,* FL EE.UU., 2000, pág 8. Disponible en: http://www.uniformlaws.org/Act.aspx?title=Athlete%20Agents%20Act. Disponible el: 27/02/2018. Traducción de mi propia autoría.

poco práctico la operatoria, registro, control y sanción frente a prácticas abusivas, se encontraba muy arraigado. [30]

Esta nueva regulación, conducida por la ULC (en inglés *Uniform Law Commission*, en castellano "Comisión Uniforme de Leyes") que es el órgano encargado de materializar este mecanismo logra estandarizar una operatoria jurídica común en toda una nación, contemplando así: a) el registro, b) los derechos/obligaciones de ambas pares, c) organismo de contralor, d) penalidades y sanciones ante el incumplimiento, e) estándares éticos de conducta, e) evita confusiones y otorga seguridad jurídica.

La norma garantiza los mismos requisitos para la inscripción como AA en todos los Estados adheridos; exige el deber de información veraz sobre sus actuaciones realizadas por parte de los AA a sus atletas representados y la prohibición de proveer información o promesa materialmente falsa en razón de la firma de un Contrato de Agencia; deber de informar la firma de un nuevo contrato por parte del AA y el atleta a la institución deportiva afectada dentro de las 72 horas de firmado o de su primera presentación oficial; El AA debe detallar la forma de cálculo de su comisión y/o monto del mismo; derecho del atleta a rescindir el contrato dentro de los catorce días posteriores a su firma sin tener responsabilidad alguna; se establecen derechos en cabeza de la institución formadora frente a los AA y atletas incluyendo daños, expensas y pérdidas por penalidades y sanciones que se vea obligada a cumplir la institución además de gastos de asesoría jurídica, por nombrar algunos puntos. La norma provee sanciones de carácter administrativo que llegan a USS 25.000 ante el incumplimiento de dichas conductas.[31]

La presencia de la Ley Nacional de los Estados Unidos SARTA, garantiza determinados protocolos y formalidades legales al momento de suscripción del contrato (firma del atleta, si es menor, por un tutor responsable en su nombre por ejemplo). Además, la norma confiere una legitimación activa al Procurador General del Estado por medio de una acción de carácter Civil ante la Corte de los Estados Unidos, en razón de la creencia

---

[30] Cfr. ANYA SOSTEK,"*Jock trap*", *Governing*, NY EE.UU., 2002. Disponible en; blob:resource://pdf.js/9964c021-34b8-4d85-8e47-9a262237db53?UAAA%20Article%20Jock%20Trap.pdf Disponible el: 27/02/2018. Traducción de mi propia autoría.

[31] Cfr. NATIONAL CONFERENCE OF COMMISSIONERS ON UNIFORM STATE LAWS, *Uniform Athlete* Agents Act, 2000, EE.UU, FL, Disponible en sitio: http://www.uniformlaws.org/Act.aspx?title=Athlete%20Agents%20Act , disponible el día: 28/02/2018. Traducción de mi propia autoría

o sospecha de verse afectado el interés de los residentes o que el Estado ha sido afectado o vaya a tener una afectación.

Las instituciones educativas, como ya se mencionó anteriormente, deben ser notificadas acerca de la firma de un contrato de agencia con el Atleta, dentro de las 72 hs. después de haber firmado el contrato o antes de su primera participación en una competencia oficial, se aplica el hecho que ocurra primero. De esta forma, la Institución formadora tendrá acciones contar el AA por cualquier daño causado en el marco de la ley SARTA.[32] Considero un aporte interesante por parte de esta legislación el hecho de que se legitime de forma expresa al Procurador General del Estado que ante su sospecha o certeza de haberse vulnerado algún interés o valor establecido en la norma pueda incoar una acción de carácter civil y tutelar así su cumplimiento.

XIII. Actual regulación de Agentes de Deportistas en la República Argentina

En la República Argentina no existe una ley que regule la actividad de los Agentes de Deportistas emanada del Congreso de la Nación. Esta situación conlleva una problemática al momento del desarrollo de la actividad, observado que para cada deporte en particular, la persona que desea desempeñar una representación de carácter profesional a un deportista, debe inscribirse indistintamente en cada Asociación o Federación respectiva, la cual solo tendrá validez dentro de su órbita. Esto es una problemática constante a lo largo de los diferentes ordenamientos jurídicos del continente, es decir, la desregulación de este fenómeno crea una laguna legislativa difícil de comprender.

A continuación detallaremos algunos reglamentos deportivos de carácter federativo existentes en nuestro país en relación a los Agentes de Deportivos.

En el ámbito del futbol profesional argentino, la Asociación del Fútbol Argentino (de ahora en adelante AFA) regula el régimen de Intermediarios a través del boletín especial N° 5047.

[32] Cfr. *CONGRESS OF UNITED STATES OF AMERICA, 'Sports Agent Responsibility and Trust Act"*, Op. Cit. Sec. 5 . Disponible en sitio web: https://www.senate.gov/legislative/active_leg_108.htm . Disponible en línea el día: 03/03/2018. Traducción de mi propia autoría.

El Reglamento establece que cada persona física o jurídica que solicite la inscripción obtendrá un número de registro de carácter personal e intransferible, el cual lo habilita a actuar como un Intermediario. Estos datos serán públicos por medio de un listado actualizado que elaborará la AFA.

Una vez que la persona, aspirante a ser Intermediario, es considerado con "apto para aconsejar a un jugador o club" y reúne los requisitos de forma exigidos por AFA en la entrevista en la Gerencia de Registro de Jugadores (de ahora en adelante GRJ), el aspirante debe contratar un Seguro de Responsabilidad Civil para el ejercicio de su tarea. Esto es un punto interesante a resaltar, de forma tal que ante la falencia o inadecuado accionar e un Intermediario, el futbolista o el club tendrán un respaldo de garantía civil.

Por otra parte, en el caso de que un aspirante a Intermediario no avance en el proceso de inscripción por consideraciones acerca de la entrevista por Administrativos de la AFA (las cuales entiendo son criterios de evaluación para nada objetivos, con el agravante que no se encuentran explícitamente detallados en el Reglamento), no existe un remedio legal que ataque dicha decisión, y esto es un atentado contra el derecho de defensa. La única oportunidad de descargo para el aspirante sería la posibilidad, en caso de que así lo determine la GRJ (lo cual de por sí deslegitima al aspirante y traslada la instancia a un órgano Federativo), de "subsanar" las "deficiencias" de la solicitud.

El actuar del Intermediario, se materializa a través de un Contrato de Representación con el jugador o club. Toda modificación llámese extensión, períodos de vigencia, remuneraciones, entre otros datos, deberán ser notificadas a AFA y dejándose constancia en el expediente respectivo.

En cuanto a la remuneración, en el caso de un jugador, se calculará del ingreso bruto del futbolista en el período del contrato, por otro lado, si es un club, deberá ser una cantidad "global, fija o variable" que debe ser acordada con antelación a la transacción respectiva. El pago por los servicios lo deberá efectuar la persona física o club representado, siendo las partes intervinientes los responsables de identificar que parte asumirá la obligación.

Corresponde al órgano de Resolución de Litigios de AFA es a quien corresponde conocer y resolver las disputas de carácter económico que se susciten entre los intermediarios, clubes o jugadores en la ejecución de contratos suscriptos por ellos. En caso de incoar la acción en Jurisdicción Ordinaria, la AFA podrá inhibirse en su conocimiento de la causa, y estará obligada a no intervenir en contratos con jugadores menores de edad siéndolos al momento de la suscripción.[33] Nuevamente el fútbol se presenta como el deporte de mayor organización, aunque presente ciertas falencias en cuanto a su técnica legislativa reglamentaria, estructura administrativa de resolución de conflictos con poca capacidad de descargo de la parte acusada, etc.

En el Básquet Argentino, la CABB (Confederación Argentina de Básquetbol) desarrolló en el año 2008 la primera prueba para los Agentes de Jugadores que se interesaban en certificarse en el ámbito FIBA. Dicho encuentro fue el primero de américa Latina y tan solo el cuarto a nivel mundial tan solo durando alrededor de dos horas, lo cual nos muestra el escaso avance que había presentado hasta entonces dicha iniciativa y la deficiente capacitación en la materia.[34]

Sin embargo, en el año 2016, se constituyó la Asociación Civil de Agentes de Jugadores y Técnicos del Básquetbol, la cual tiene como misión velar por los derechos de los AD en el marco del Básquetbol Argentino. Hasta el momento no han elaborado un reglamento de otorgamiento de licencias o autorizaciones para actuar.[35]

En el ámbito del Boxeo Argentino, el Reglamento de la FAB (Federación Argentina de Básquetbol) establece que los boxeadores amateurs no podrán de ninguna manera firmar contratos con un representante o *manager*. En el caso de Boxeadores Profesionales masculinos, los contratos se harán por triplicado (una por cada parte, y la restante para el registro en la FAB, en el caso de que así lo decidan). La ausencia de registro de un contrato de representación en la FAB (dentro de los 90 días de firmado el documento),

---

[33] Cfr. Asociación del Futbol Argentino, Reglamento sobre las Relaciones con los Intermediarios Boletín N° 5047, 2015, Buenos Aires Argentina, Arts. 1° a 14°. Disponible en sitio web: http://www.afa.org.ar/upload/reglamento/Bolet%C3%ADn%20Especial%205047%20-%20Reglamento%20sobre%20las%20Relaciones%20con%20los%20Intermediarios%20(4).pdf Disponible en fecha: 05/03/2018.

[34] Cfr. Confederación Argentina de Básquetbol, Agentes FIBA en América, Buenos Aires Argentina, 2008, disponible en: www.cabb.com.ar/agentes-fiba-en-america/ Disponible en la fecha :06/03/2018.

[35] Cfr. Ministerio de Justicia y Derechos Humanos, Inspección Gral. De Justicia, Resolución 810/16, Buenos Aires Argentina, 2016. Disponible en sitio web : http://www.jus.gob.ar/igj/la-igj/resoluciones-particulares/otorgamiento-de-personeria-juridica.aspx Disponible en la fecha: 06/03/2018.

conlleva la no intervención del máximo organismo de Básquetbol Argentino ante alguna controversia o litigio entre partes.[36]

Interesante aporte del reglamento al introducir inhibición de la FAB en litigios originados en contratos que no se encuentren debidamente registrados en sus libros, ya que de alguna manera alienta a que todas las vinculaciones de carácter representante-boxeador/ra se encuentren publicadas en un registro, lo que genera que las resoluciones de dicho organismo obtengan seguridad jurídica, autonomía de resolución de conflictos y la formación de un criterio valorativo específico en la materia.

XIV. Resoluciones del Tribunal Arbitral del Deporte en la materia

En el marco federativo, el máximo órgano de resolución de conflictos deportivos es el CAS (*Court of Arbitration for Sport*, en castellano Corte Arbitral del Deporte).

Los conflictos entre partes de un contrato de agencia han sido tratados por el CAS en reiteradas oportunidades, llegándose a tratar diferentes temáticas. A continuación nos enfocaremos en algunos de ellos.

En el caso Gurel contra Ozalan que tuvo lugar en el año 2006. Este caso, presentaba la situación de que un Agente firmó un contrato con un jugador por 24 meses de duración (de 18 Febrero 2003 al 18 Febrero del 2005), con una remuneración del 10% del salario bruto anual debido al jugador como resultado de los contratos de trabajo negociados por el Agente. Además acordaron exclusividad en los derechos de colocación al Agente, a menos que exista otra voluntad de ambas partes. El 27 de Enero de 2004, el jugador es contratado por Incheon United (Club koreano). El 21 de Mayo del 2004, el Agente se presenta en la Comisión del Estatuto de Jugador de FIFA y plantea el no pago de las comisiones por su trabajo en la intervención y negociación con el Aston Villa (el cuál firmó con su jugador el 23 de Octubre de 2003) y con el mencionado club de Korea, pero esta petición fue desestimada por FIFA. El 6 de Enero de 2006 es presentado en el CAS. Entre los puntos analizados se detalla que la remuneración de los Agentes, es frecuentemente a través de comisiones (porcentajes de las transferencias o salarios

[36] Federación Argentina de Box, Reglamento Argentino de Boxeo, Buenos Aires Argentina, Disponible en la página web: https://www.cad.org.ar/article/reglamentos-deportivos/31/ Disponible en la fecha : 06/03/2018.

anuales brutos), pero este derecho nace una vez que el contrato se ha concretado, es decir, cuando el tercero lo contrata, no por el solo hecho de participar en la negociación o presentar al jugador a un potencial empleador (para que ello sea objeto generador de comisiones, debe estar escrito expresamente en el contrato). Finalmente el Tribunal unipersonal resuelve desestimar la apelación del Agente, ya que no se había generado derecho a Comisión en los términos anteriormente señalados[37]

Otro es el caso del Club Cagliari (Italia) contra el Club Olimpia (Paraguay), dicho conflicto entró en conocimiento del CAS en el año 2010, luego de que el club Italiano apelara la resolución de FIFA. La discusión radicaba en torno a porcentajes que el club italiano debía pagar al club Olimpia en caso de que el jugador, objeto de transferencia, sea transferido a un tercer club. El hecho puntual radicó en la firma de dos contratos (uno entre los presidentes de ambos clubes y otro entre el presidente del Cagliari y un Agente Deportivo interviniente en la operación), en ambos acuerdos se establecían los porcentajes para calcular la obligación de pago superando cierto monto, pero en el segundo se salvaba que "cualquier anterior acuerdo" podría ser modificado en "interés de las partes", ahora bien, el tribunal entendió que la intervención de ese Agente fue solo un acto de corretaje y no un mandato(ya que Olimpia no lo había contratado para ello, solo tenía las instrucciones para ejecutar el primer acuerdo y de ninguna manera generar otro), ya que sus servicios fueron acercar a las partes estando en Europa, y esto lo deshabilitaba para modificar el acuerdo, ya que no era parte.[38] Un contrato de agencia, en este caso, suscripto entre Olimpia y una firma dedicada a la Agencia, no habilita a que miembros de la misma modifiquen o alteren el acuerdo suscribiendo otro posterior, más aún cuando el que suscribe solo oficiaba como corredor.

En el caso Morabito contra Ittihad Club del año 2007, el CAS estudió la composición de las compañías de agencias, donde su personalidad legal es distinta de la de sus miembros y solo debe ser observada bajo especiales circunstancias y en efecto de la

---

[37] Cfr. CAS *Arbitration* 2006/A/1019 G. v. O. *Award*, (2006), Suiza, Disponible en: https://jurisprudence.tas-cas.org/Shared%20Documents/1019.pdf#search=2006%2Fa%2F1019 Disponible en la fecha: 07/03/2018. Traduccioón de mi propia autoría.

[38] Cfr. CAS *Arbitration* 2010/A/2193 Club Cagliari Calcio S.p.A. v. Club Olimpia Deportivo Award,(2010), Suiza. Disponible en https://jurisprudence.tas-cas.org/Shared%20Documents/2193.pdf , Disponible en la fecha : 07/03/2018. Traducción de mi propia autoría.

legislación aplicable. En este caso, una firma, dedicada a la representación de jugadores, envió facturas por negociaciones hechas, relativas a transferencias de dos jugadores, al club (sin tener un contrato escrito, ya que el contrato escrito estaba confeccionado entre el club Ittihad y Morabito). Finalmente el Panel resuelve el caso argumentando que, si bien la reglamentación pertinente de FIFA permite presentar un reclamo relacionado a comisiones por parte de un agente licenciado, esto no puede conducir a la conclusión de que puede traer un reclamo de la firma que el pertenece, es accionista o es propietario.[39]

Otro caso interesante en materia de Agentes abordado por el CAS fue en 2012 relativo al conflicto de intereses en el desempeño de la actividad de representación. En esa ocasión, Loïc Bensaïd (Agente) presentó en Mayo de 2011 un reclamo ante la FIFA contra PFC CSKA Sofia por saldos impagos correspondientes a sus comisiones, sus intereses y daños sufridos, de acuerdo con un contrato de Mandato firmado a principios de 2010. En esta etapa el club CSKA mencionó que el Agente había sido remunerado por un contrato anterior que había suscripto con el futbolista francés, mismo jugador objeto de la transferencia que generó las comisiones reclamadas por la parte actora (Agente), esto, alegaba el club, generaba un evidente conflicto de intereses. Finalmente el órgano de FIFA resuelve reconocer parcialmente a Loïc Bensaïd su crédito más intereses contra el CSKA, considerando que no podía haber recibido doble comisión por la misma tarea. Esta decisión es apelada por el CSKA al CAS. Durante la evaluación de los puntos del caso, el árbitro único entiende que el Agente que cumpliendo los requisitos jurídicos exigidos por la Federación Francesa de Fútbol (inclusive la garantía y conductas éticas y morales), un Agentes e encuentra con derecho a conducir su trabajo en el futbol organizado global, lo cuál es un detalle interesante en vistas de que los registros de las diferentes naciones, mas allá de contener sus propios requisitos y evaluaciones, comparten las mismas exigencias y motivaciones a la hora de registrar Agentes. La razón es cuidar el desempeño y administración de los derechos de jugadores y clubes. Finalmente el CAS resolvió que el Club debía pagar las comisiones reclamadas, y que el contrato era válido, no existiendo conflicto de intereses, ya que el

---

[39] Cfr. CAS *Arbitration* 2007/A/1274 Morabito v. Ittihad Club *award,* (2007), Suiza. Disponible en: https://jurisprudence.tas-cas.org/Shared%20Documents/1274.pdf#search=CAS%202007%2FA%2F1274 Disponible en la fecha: 07/03/2018. Traducción de mi propia autoría.

Club al momento de requerir los servicios del Agente, tenía conocimiento de los servicios que brindaba al Jugador Francés.[40]

En el año 2015 el Cas resolvió el caso de Ciro José Sánchez contra Enzo Perez. Los hechos fueron el reclamo que hacía Sánchez (Agente de Enzo Pérez entre Marzo de 2011 y Marzo de 2013) de unas comisiones impagas (15% de las ganancias por temporadas, pagaderas al fin de cada temporada deportiva) por su intervención en la transferencia del Jugador Pérez desde Estudiantes de la Plata (Argentina) al Club Benfica (Portugal). Por considerarse el órgano de Resolución de Litigios de AFA no competente para el caso, Sánchez lo plantea en FIFA, el cuál desestima el reclamo aduciendo que existía una "falta de dimensión internacional" (las disputas entre agentes de jugadores o jugadores nacionales de un mismo país o registrados en una misma Asociación Nacional, debían ser interpuestas ante el órgano de resolución de dicha jurisdicción, como indica los reglamentos FIFA de la materia). Posteriormente el CAS entiende que es competente para entender en el caso, evidenciando que las disposiciones del contrato de representación entre las partes no lo impedían y además FIFA ya había expedido su falta de competencia en el caso. Más adelante, se resuelve que Sánchez había concretado tratos con Benfica, Estudiantes de la Plata y Pérez, lo cuál generaba un conflicto de intereses, de todas formas esto no nulifica ni deja sin efecto el contrato entre Sánchez y Pérez (ya que se conforman todas las formalidades del contrato, las voluntades para constituirlo, etcétera), pero señala que la confianza y la verdad son las bases de este vínculo, y se debe evitar en todo momento el conflicto de intereses, que además es una falta a los reglamentos en la materia. Finalmente el tribunal arbitral resuelve desestimar el reclamo de Sánchez y las repartir la carga de las costas.[41] En este caso, la jurisprudencia del CAS sienta el concepto de que no siempre el conflicto de intereses anula y deja sin efecto el contrato entre las partes, pero sí acarrea otras sanciones.

Similar análisis lleva adelante el CAS en el ámbito del del *Basketball*[42].

[40] Cfr. CAS *Arbitration* 2012/A/2988 PFC CSKA Sofia v. Loïc Bensaïd *Award,* (2013), Suiza. Disponible en: https://jurisprudence.tas-cas.org/Shared%20Documents/2988.pdf#search=2012%2FA%2F2988 Disponible en la fecha: 08/03/2018. Traducción de mi propia autoría.

[41] Cfr. *CAS, Arbitration* 2015/A/3962 Ciro José Sánchez c/ Enzo Pérez, Suiza, (2015). Traducción de mi propia autoría.

[42] Cfr. CAS, Arbitration 2015/A/4288, El Jaish Sport c/ Giovanni Funiciello, Award, (2015).

XV. Jurisprudencia de Tribunales Ordinarios Argentinos

Los conflictos originados en relación a un contrato de Agencia o mandato (naturaleza jurídica que discutiremos con precisión más adelante) entre un deportista y su Agente tuvieron su análisis en los tribunales argentinos. La difusa resolución, o hasta confusa interpretación a la que diferentes magistrados han llegado grafica el desconocimiento en Derecho Deportivo y la ausencia de precisiones en cuanto a la naturaleza jurídica del contrato y sus implicancias.

A continuación haremos un breve resumen de los fallos en la materia que ameritan nuestra especial atención.

En el año 2000, se entendía que el contrato de representación se encuadraba como un acto mercantil: "...es competente el fuero comercial para entender en una demanda en la que la actividad señalada por el accionante presenta "prima facie" características similares a los mandatos y representación o comisiones comerciales, verificándose la presencia de un contrato innominado, regulado por las leyes mercantiles como ocurre en la especie.- Por otro lado es de público conocimiento que las actividades futbolísticas revisten notorio carácter comercial... en tal sentido, en juicio similar en el que la cuestión debatida era relativa al "pase" de un jugador profesional de futbol, juzgué que dicha operatoria tenía fines presumiblemente lucrativos y era eventualmente encuadrable como un acto mercantil en los términos del Cód. Com." (...)[43]. Esta jurisprudencia lo encuadraba dentro del Fuero Comercial y lo describía como un contrato "innominado". Esta falta de certeza en cuanto al tipo contractual va a ser objeto de debate en los siguientes fallos.

En el año 2002, la confusión que existía en torno a la jerarquía que presentaban las normas federativas deportivas (Reglamentos Deportivos) en relación con las Leyes Nacionales dictadas por el Congreso tuvo su recepción en una sentencia : "... Desde ya que, como es obvio, estas últimas (Reglamentos Federativos) han quedado incorporadas al derecho interno desde que la "AFA" pasó a ser miembro integrante de esa Federación asumiendo el compromiso de someterse a los reglamentos y decisiones internacionales, del mismo modo que esas reglamentaciones de la entidad internacional al igual que el propio estatuto y reglamentos de la AFA y la mentada Convención Colectiva de Trabajo

[43] Berman Hernán Santiago c/ Saviola Javier Pedro s/ ordinario, Juzgado Nacional Com. N° 11 Sec. N° 22, Autos y Vistos 5, Argentina (2000).

constituyen todos ellos ley en sentido material en un pie de igualdad con la ley en sentido formal cuando de esta específica materia deportiva se trata. (…)[44]. Esta apresurada y arriesgada consideración será superada por la jurisprudencia en los fallos posteriores.

En el año 2005, la Cámara Civil y Comercial detalló lo siguiente "…La representación deportiva si bien no tiene un origen eminentemente profesional, en la actualidad apunta al asesoramiento integral al deportista, en ámbitos que van desde el económico o jurídico hasta el publicitario o contable, según las facultades pactadas en el contrato. Y como es sabido, la representación de futbolistas profesionales (actualmente inclusive los amateurs) e s un negocio rentable en muchos países.(…)[45]. La consideración del Tribunal señala la multiplicidad de servicios que desempeña un Agente, que en general son mucho mayores que las de facilitar la firma o no de un deportista con un club. Más adelante continúa mencionando que el vínculo de Agente y Jugador Profesional o *Amateur,* presenta caracteres de Mandato y Corretaje, no siendo íntegramente de ninguna de las dos figuras.[46] Este fallo vuelve a citar los autos caratulados "Interplayers S.A. c. Sosa, Roberto Carlos S/ Ordinario" como argumento.

En Noviembre de 2008, el Jugador Clemente Rodriguez es demandado por una firma encargada de representar a deportistas, debido al incumplimiento de obligaciones contractuales. El Tribunal con una llamativa reflexión decide entender al contrato de Mandato suscripto entre las partes como "nulo de nulidad absoluta", ya que no cumplía con los reglamentos de AFA y FIFA, que forman parte del ordenamiento jurídico interno del país ni con las disposiciones de la Ley Nacional N1 20.160. Los puntos que ocasionaron la nulidad del contrato fueron: a) El contrato no respetaba el plazo máximo de duración, b) cláusulas obligatorias no incluidas, c) se pactó una remuneración al Agente superior a las estipuladas reglamentariamente, d) que no se emitió el documento por cuadruplicado ni se envió un ejemplar a la AFA e) y que la firma no contrató un Seguro de Responsabilidad Civil. Además, al ser una persona de existencia ideal, no tenía capacidad para constituirse como agente de deportistas. Además se estipula que la prestación de *Global Foot* fue una "Locación de Servicios" y que la codificación civil vigente establecía una autonomía de la voluntad en torno al pacto de retribución entre

[44] Interplayers S.A. c. Sosa, Roberto Carlos S/ Ordinario, CNCiv., Sala A. Dra. Luaces Cons. II, Argentina, (2002).
[45] Nannis G. M. c/ Caniggia Claudio P. s/ ordinario, C.Com, sala B, Argentina, (2015).
[46] *Idem*, Nannis G. M. c/ Caniggia Claudio P. s/ ordinario Op. Cit.

las partes. Finalmente el *a quo,* desestima los agravios planteados debido a que la obligación contractual se afianzó posteriormente a la transferencia planteada como objeto de la demanda.[47] La ausencia de una licencia para representar al futbolista, termina siendo determinante para el Tribunal al momento de considerar el caso.

En Marzo de 2013, la Justicia Ordinaria no considera como determinante la ausencia de los cuadruplicados del contrato de representación suscripto entre Mario Daniel Vega y Tesone (Agente Deportivo), el cuál no fue registrado en AFA. Lo que primó en la decisión de la Cámara para confirmar la sentencia de pagar las sumas adeudadas a Tesone fue el hecho de que en el contrato suscripto entre el jugador y el Club Atlético River Plate constaba la firma del Agente, lo cual respaldaba su directa intervención en las negociaciones.[48]

En el mismo año 2013, pero en Noviembre, otro Tribunal se pronuncia… entendiendo que la actividad de los Agentes Deportivos no se encuentra reglamentada en el país y que la potencial aplicación de los reglamentos AFA y FIFA en la materia no pueden ser oponibles a quienes no estén matriculados en ellos, ya que son meras asociaciones civiles. Además, continúan los magistrados, que las gestiones de los Agentes representaron un beneficio para el deportista, lo cual, en caso de no reconocer un vínculo contractual entre las partes, constituiría un enriquecimiento sin causa. Finalmente la parte actora (los Agentes) no pudieron demostrar ante la corte las gestiones o intermediaciones brindadas para la firma de los contratos entre el jugador con el Club Arsenal de Sarandí y posteriormente con Racing de Santander, lo cual significó una omisión insalvable de la obligación de gestionar toda y cada una de las ofertas de la carrera deportiva de la parte demandada e hizo caer la "cláusula de exclusividad" y viciando al contrato de representación de nulidad absoluta.[49] Además los agentes en este caso no tenían licencia otorgada por la Federación deportiva y el contrato de representación había sido suscripto con posterioridad a la firma del jugador con el club.

Otra consideración interesante fue la llevada en el 2015, donde consideró al contrato de Representación como "… aquel mediante el cual un sujeto llamado representante o agente se compromete a desempeñar funciones de asistencia de carácter complejo, que

[47] Cfr. Global Foot Sports S.A. c/ Rodríguez, Clemente Juan s. ordinario, CNCom., sala A, (2008).
[48] Cfr. Tesone R.E. c/ Vega Mario D. s/ Ordinario, CNACom. Sala B, Argentina (2013).
[49] Cfr Siviski Dario y Otros c/ Alvarez Cristina Osvaldo S/ Ordinario, CamNACiv., (2013).

pueden o no implicar un mandato, a otro sujeto el deportista, quien se compromete a abonar una retribución en dinero…la función del agente no se agota en la representación de otro, sino que comprende también, y de forma principal, una búsqueda de las mejores oportunidades profesionales, y el asesoramiento al jugador, tanto en lo referente a la negociación de las condiciones del contrato como respecto a cuestiones fiscales o financieras posteriores, así como también desde el punto de vista técnico-deportivo, por ejemplo, en qué equipo le interesa jugar no sólo por el aspecto económico inmediato, sino viendo en la posición y con el entrenador que mejor se adapte a sus características o le sirva para una mejora futura o estudiando la competencia que va a tener con jugadores del mismo equipo de sus mismas condiciones, y demás circunstancias que influirán decisivamente en su carrera profesional, que el jugador no siempre por sí mismo es capaz de analizar. Por tanto, en la mayoría de los casos el agente no es un mero intermediario o mediador del jugador, sino que realiza otras funciones de asesoramiento para el jugador e incluso, a veces, para el club. Es más, cuando la notoriedad del jugador lo permite, es un verdadero promotor y gestor de los negocios de merchandising que la figura pública del jugador original. (…)[50]. El Tribunal toma el mismo concepto que viene manejando la jurisprudencia en los últimos años.

Si bien las consideraciones de la Justicia Ordinaria en relación a la naturaleza jurídica y validez de los contratos que vinculan a un deportista y su agente han sido disímiles a lo largo de los años, en la actualidad parece ir perfilándose un consenso en cuanto a la naturaleza de mandato y corretaje dentro de la legislación civil. Por otra parte ya no es un argumento unívoco en la jurisprudencia, al momento de considerar la nulidad de un contrato de representación, el hecho de que un agente no posea licencia otorgada por una Asociación deportiva.

[50] S. J. M. c/ Club Vélez Sarsfield y otros/ cobro de sumas de dinero, CNACiv. Sala I, Argentina, (2015). Disponible en: https://aldiaargentina.microjuris.com/2016/01/12/se-hace-lugar-a-la-demanda-contra-el-jugador-representado-en-virtud-del-convenio-celebrado-por-los-derechos-economicos-del-50-de-su-pase/ . Disponible en la fecha: 10/03/2018.

XVI. Relevancia del caso Piau y Declaración de Niza en la materia

En esta sentencia, la Comisión del Tribunal de la Unión Europea analiza si la competencia que tiene una Corporación Privada (en este caso FIFA) para reglamentar e imponer requisitos en cuanto al ejercicio de una actividad de prestación de servicios (Agente de Deportistas) se encuentra amparada por el Tratado de la Comunidad Europea. A continuación relatamos brevemente lo sucedido y las alegaciones importantes a nuestro criterio:

En el año 1998 Piau (quién se dedicaba a la representación de deportistas, de nacionalidad francés) presentó ante la Comisión Europea una denuncia dirigida contra el Reglamento de Agentes de Jugadores de FIFA (RAJ), el cuál aseguraba era contrario a disposiciones de los artículos n° 49 y siguientes del Tratado de la Comunidad Europea relativos a la Libre prestación de Servicios. Piau entendía que los mecanismos de examen para acceder a la Licencia exigida por FIFA eran "opacas", la exigencia del aval era injustificada y también objetaba el control y las sanciones previstas. En segundo lugar señalaba la posible presencia de discriminación entre los ciudadanos de la UE y, por último, la ausencia de medios de impugnación contra las decisiones y sanciones aplicables.[51]

En Febrero del año 2000 se celebra una audiencia en la Comisión entre FIFA, Piau y FIFApro (tercero interesado en la materia). En el mes de diciembre del mismo año FIFA sanciona un nuevo RAJ y modifica los puntos acordados en Comisión. A pesar de ello el accionante entiende que no solo no se había saneado sus exigencias, sino que el nuevo RAJ las escondía detrás de normas deontológicas de determinación de remuneración y condiciones de contrato y sostiene su denuncia ante la Comisión. En vista de ello Pieu alega, entre otros argumentos: "... que la FIFA no tiene ninguna legitimidad para regular una actividad económica y que la Comisión le ha delegado así una facultad de regulación de una actividad de prestación de servicios sin respetar las competencias conferidas a los Estados miembros. (...). [52]

La Comisión entiende que la FIFA debe ser considerada como: "una asociación de empresas y que el Reglamento controvertido es una decisión de una asociación de empresas", lo cual encuadra al máximo organismo del fútbol mundial como un ente privado, con todos os caracteres jurídicos propios que lo componen.

---

[51] Cfr. Comisión de las Comunidades Europeas, Asunto T-193/02, Luxemburgo, (2005), Punto N° 30 y ss.

[52] *Ibídem,* Comisión de las Comunidades Europeas, punto 3 N° 32 y ss.

El Tribunal de Primera Instancia con una técnica legislativa discutible, aprecia lo siguiente: "...lo que respecta al concepto de decisión de una asociación de empresas, de los autos se desprende que, según los términos del Reglamento modificado, el agente de jugadores «desempeña con regularidad una actividad remunerada que lleva a un jugador al establecimiento de una relación laboral con un club, o a dos clubes a acordar un contrato de transferencia». Se trata, por consiguiente, de una actividad económica de prestación de servicios que no se encuadra dentro de la especificidad deportiva..." (...)[53] continúe el Tribunal : "Tal regulación, que corresponde al control de una actividad económica y afecta a libertades fundamentales, forma parte, en principio, de las competencias de las autoridades públicas. No obstante, en el marco del presente litigio, la competencia normativa ejercida por la FIFA, ante la inexistencia casi general de regulaciones nacionales, sólo puede examinarse en la medida en que afecte a las normas sobre la competencia, respecto a las cuales debe apreciarse la legalidad de la decisión impugnada, sin que las consideraciones relativas a la base jurídica que permite a la FIFA ejercer una actividad reguladora, por importantes que sean, puedan ser objeto aquí de control jurisdiccional..." (...). En este apartado el tribunal sienta el criterio de que la actividad del Agente Deportivo es una ACTIVIDAD ECONOMICA y que no pertenece específicamente al ámbito deportivo y que es competencia de autoridades públicas regular dicha actividad.

Este criterio en cuanto a la necesidad de una regulación pública en la actividad de un Agente Deportivo también fue expresada en la Declaración de Niza por el Consejo Europeo en el año 2000 donde se llama a que se debería proporcionar instrumentos legales adecuados, incluyendo directivas, reglamentos generales de extensión de bloque "entre otros instrumentos legislativos nacionales u europeos" de forma tal que se garantice la seguridad jurídica de los que intervienen en el sector. Continúa la declaración recomendando que la UE haga uso de un instrumento que contenga determinadas directivas: a)estrictos criterios de examen, b) mayor transparencia, c) patrones mínimos para los contratos de agentes, d) control eficaz y sanciones disciplinarias por parte de los órganos reguladores deportivos europeos, e) que se conforme un sistema de licencia para Agentes, f) prohibición de conflicto de intereses y doble representación. Esta Declaración fue la antecesora de la elaboración del Libro Blanco de Deportes europeo, donde se trazan los puntos clave en cuanto a las

[53] *Ibidem,* Comisión de las Comunidades Europeas, punto N° 73.

perspectivas de organización jurídica del deporte en el marco de la UE, por otro lado en Niza también se profundizó una necesidad de estudiar el mercado de Agentes en la UE, estudio que se iba a llevar a cabo en el año 2009.[54]

XVII. Naturaleza Jurídica del contrato que vincula al Agente Deportivo y el deportista o club

El tema ha recibido diferentes interpretaciones por la jurisprudencia de los Tribunales Ordinarios Argentinos a lo largo de los años en nuestro país. Hemos observado en el título anterior que se lo ha encuadrado a este contrato dentro de la figura de Mandato, Locación de Servicios, Corretaje, Agencia y hasta de una especie contractual particular de prestaciones "complejas" exclusiva del derecho del deporte.

Más allá de los diferentes criterios y elaboraciones Judiciales, es importante determinar un tipo contractual correcto, de forma que las obligaciones afianzadas en el mismo no quedaren a merced de un instituto civil que no los pueda hacer operativos.

Parece indicado que el contrato de representación tiene los caracteres de ser: a) bilateral, ya que se generan obligaciones recíprocas entre el Agente y el Deportista (el pago – en caso de ser oneroso-, deber de brindar información, exclusividad, entre otros por parte del deportista; y deber de confianza, buena fe, intervención en cada una de las negociaciones de su cliente, discrecionalidad y secreto profesional, entre otras, por parte del Agente); b) Oneroso en principio, ya que en los casos donde intervengan menores, el mismo podría exigirse la gratuidad; c) Conmutativo, ya que las ventajas y resultados del vínculo contractual no dependen de una acontecimiento incierto; d) el contrato debe ser Formal.[55]

En base a las previas consideraciones, analizaremos los tipos contractuales, mencionando cuál se adapta de forma más precisa al vínculo jurídico estudiado.

---

[54] Cfr. JAVIER RODRÍGUEZ TEN, Régimen Jurídico de los Agentes de los Jugadores en España y la Unión Europea, Madrid, España. 1° edición 2013, Editorial Reus, págs. 87 y ss.

[55] Cfr. Honorable Congreso de la Nación Argentina, Codigo Civil y Comercial de la Nación, Título II sección 1ra arts. 966 y ss., Buenos Aires Argentina, 2005. Disponible en: http://servicios.infoleg.gob.ar/infolegInternet/anexos/235000-239999/235975/norma.htm#19 . Disponible el : 14/03/2018.

El contrato de Agencia se define en el Código Civil y Comercial como :"... cuando una parte, denominada agente, se obliga a promover negocios por cuenta de otra denominada preponente o empresario, de manera estable, continuada e independiente, sin que medie relación laboral alguna, mediante una retribución...",   Si bien el Agente realiza una serie de servicios de intermediación, vinculación y transferencias en la órbita de los negocios para con su representado a cambio de una retribución económica, la figura del Agente no parece reunir los elementos de la actividad, ya que existe una relación laboral entre las partes y no se puede hablar de un representante independiente que "no asume el riesgo de las operaciones ni representa al preponente", porque ello resultaría una situación de desventaja y contraria al espíritu y necesidades del vínculo entre el Representante y deportista.[56] De esta misma forma lo entiende una sentencia de la Sala de lo Civil de la Audiencia Prov. de Madrid (España) en el año 2008 y lo circunscribe en el marco del corretaje y mediación: "...no nos encontramos frente a un contrato de agencia, aunque el nombre comúnmente utilizado para designar a los profesionales que ejercen este cometido en este campo deportivo sea el de agente, sino ante un contrato de mediación o corretaje..."[57].

El contrato de Locación de Servicios existe una persona que se obliga, actuando de forma independiente, ante un comitente a proveer un servicio mediante una retribución (la cuál entendemos debe ser económica). Más adelante nuestro Código reza: "...se entiende que hay contrato de servicios cuando la obligación de hacer consiste en realizar cierta actividad independiente de su eficacia..."[58], es decir que el servicio brindado por un representante no gozaría de seguridad en cuanto a su eficacia de resultado, lo cual parece apresurado y podría generar interpretaciones dispares en el ámbito judicial. Continúa el articulado estableciendo que el prestador de servicios podría "valerse de terceros" para ejecutar su servicio, salvo que dicha prestación sea de carácter personalísima (nuestro caso). En cuanto a la retribución, las partes tienen libertad para establecer el precio, en su defecto lo harán por la ley, usos o de forma judicial. En lo relativo a las obligaciones, el Comitente debe a) pagar los servicios, b) prestar su colaboración necesaria; por otra parte el prestador de servicios debe : a) informar al

[56] *Ibídem,* Código Civ. y Com. Op. Cit. título III, Capítulo 17°.
[57] JAVIER RODRÍGUEZ TEN, Cap. III, Título II, 193.
[58] Nuevo Código Civil y Comercial de la República Argentina, Congreso de la Nación Argentina, Ciudad Autónoma de Buenos Aires, Argentina. Editorial Visión Jurídica, Capítulo 6°, pág. 278 y ss.

comitente de los avances en cuanto al servicio, b) ejecutar los servicios en el tiempo convenido.

La Locación de Servicios no parece ser el tipo contractual que responda a las necesidades de este vínculo jurídico entre el Agente y el Deportista, ya que, entre otras cosas, la muerte del prestador extingue el contrato, salvo que el comitente lo continúe con sus herederos, lo cuál es inadmisible por el tinte personalísimo que mencionamos anteriormente. Otro elemento para señalar la ineficaz equiparación de este contrato al que estudiamos es el hecho de que la muerte del comitente en principio "no extingue" el contrato, salvo que haga inútil su ejecución (de suceder el fallecimiento del deportista, el contrato no tendría razón de continuar), queda claro que no se contempla regular dicha actividad con esta figura.

La Figura del Corretaje, que ha tenido cierta aceptación en reiterados pronunciamientos judiciales argentinos y españoles como se ha mencionado anteriormente, es definido en nuestro ordenamiento cuando se cumple la siguiente situación : "...cuando una persona, denominada corredor, se obliga ante otra, a mediar en la negociación y conclusión de uno o varios negocios, sin tener relación de dependencia o representación con ninguna de las partes"[59], el hecho de que mencione la ausencia de una dependencia o representación entre las partes lo aleja de la figura contractual que buscamos. Otro detalle es la forma en que se configura la conclusión del contrato de corretaje, lo cual se materializará si el corredor se encuentra "habilitado para ejercer el servicio profesional del corretaje", por su mera intervención en el negocio, etc. Estas modalidades de concusión del contrato de corretaje reflejan una morigerada exigencia en cuanto a las formalidades y atentan contra los intereses económicos que se comercializan en una relación entre Agente-Deportista u Agente-Club-Deportivo.

Por último mencionamos que el Mandato se presenta como el esqueleto jurídico adecuando para organizar jurídicamente un contrato de representación deportiva debido a sus caracteres técnicos, su regulación Civil en nuestro país, entre otras razones que expondremos a continuación. Pero antes haremos una breve reseña del derecho extranjero en la materia.

---

[59] *Idem,* CCC. de la Nac. Arg., Cap 10° pág. 290 y ss.

XVIII. Interés del Estado Argentino en la materia

Si bien no existe en nuestro ordenamiento jurídico una ley que establezca un régimen uniforme como lo hemos mencionado, la Administración Federal de Ingresos Públicos (de ahora en adelante "AFIP"), observó esta situación, emitiendo una serie de resoluciones para evitar evasiones en las transferencias de jugadores profesionales y controlar los movimientos llevados a cabo por las entidades deportivas.

De esta forma, en la Resolución General 3432/2013, la AFIP hace una presunción de referencia que las retribuciones de los Agentes Deportivos no son inferiores al 10% del valor bruto de las transferencias y las remuneraciones de futbolistas en los clubes[60].

En otra disposición, el fisco argentino manda a los clubes a registrar todas las operaciones de transferencias que se lleven a cabo y oficien de agentes de retención del impuesto que grava la operación. Pero el punto que nos llama es el deber de los clubes de denunciar a la AFIP los Agentes que intervienen en cada operación, quedando de esta forma el valor de la transferencia y el contrato firmado vinculado a la persona física o jurídica que oportunamente obtendrá beneficios de ella[61].

Existe un interés del estado de controlar las operaciones económicas de los Agentes. El registro que guarda la AFIP de las operaciones podría ser el primer paso para comprender la importancia de la actividad y su necesidad de legislación.

XIX. El Mandato como figura jurídica indicada. Legislación Argentina

Como todo acto jurídico, su objeto no debe ser un hecho imposible o que se encuentre prohibido por la ley, contrario a la moral, a las buenas costumbres, a orden público o lesivo a derechos ajenos o de la dignidad de la persona humana conforme al artículo 279 de nuestro ordenamiento jurídico nacional.

---

[60] Cfr. Administración Federal de Ingresos Públicos, R.G. 3432/13, Ciudad Autónoma de Buenos Aires, (2013). Disponible en: http://biblioteca.afip.gob.ar/dcp/REAG01003432_2013_01_03 Disponible el día: 19/03/2018.

[61] Cfr. Administración Federal de Ingresos Públicos, R.G. 3897/16, Ciudad Autónoma de Buenos Aires, (2016). Disponible en: http://biblioteca.afip.gob.ar/dcp/REAG01003897_2016_05_24 disponible el dia: 19/03/2018.

El Mandato se ubica en el Libro III, Título IV, Capítulo 8°, conteniendo 16 artículos que lo regulan, siempre contemplando el régimen general para los contratos y las remisiones a otros artículos que detallaremos a continuación.

El Ordenamiento Civil y Comercial argentino define al Contrato de Mandato "...cuando una parte se obliga a realizar uno o más actos jurídicos en interés de otra"[62], la cual a pesar de ser extremadamente amplia se complementa con la posterior remisión que hace el artículo N° 1320 al Capítulo 8° donde se legisla el "Régimen de Representación" del Título II y establece que aún en el caso de que no se confiera poder de representación, las relaciones entre mandante y mandatario se rigen por tales disposiciones en tanto no se vean modificadas por la regulación del mandato.

A diferencia de otros tipos contractuales se presume oneroso, y ante la ausencia de un pacto en cuanto a la remuneración el mismo será determinado por las leyes o en su defecto judicialmente.

El artículo 1324 menciona las obligaciones del mandatario. A destacar a mi criterio, son: a) el inciso a, donde expresamente se detalla la obligación del mandatario a cumplir con las instrucciones que le encomiende el mandante y teniendo en cuenta "la naturaleza del negocio" de que se trate (en este punto es donde encontraríamos la recepción prácticamente expresa de que la materia deportiva se encuentra incluida, debido a que se condiciona el cumplimiento del deber por parte del mandatario a un tipo de negocio en particular y no a criterios genéricos de cualquier otro ámbito jurídico); b) el inciso c, donde se recepta el concepto de "conflicto de intereses", tan habitualmente contemplado en materia deportiva; c) y el inciso d, donde la exigencia de toda información que maneje el mandante con y por motivo de su mandante no sea divulgada, deber que es exigido tanto por FIFA, FIBA y demás federaciones deportivas en sus reglamentos.

Este vínculo contractual debe gozar de una confianza propia de las actividades que se desarrollan profesionalmente, ya que la parte que requiere los servicios de una persona por su calidad gestora y de negociación, lo ve como esencial y determinante al momento

[62] Ibídem CCC de la Nac. Arg., 1319.

de la conclusión del contrato. Esta confianza puede recaer tanto en una persona humana, un grupo de ellas o en una persona jurídica. [63]

En cuanto al Derecho Internacional Privado en materia contractual del a República Argentina, hay que observar el Libro VI, Título 4°, Capitulo 3°, Sección XII, donde se trata al contrato de consumo. En dicha sección se establece que la demanda puede interponerse, a elección del consumidor: a) Lugar de celebración del contrato; b) Lugar de prestación del servicio; c) lugar de la entrega de bienes; d) el cumplimiento de la obligación de garantía; e) domicilio del demandado o f) Lugar donde el consumidor realiza los actos necesarios para la celebración del contrato. Y extiende la competencia de los jueces donde la firma tenga alguna entidad de representación o agencia, siempre y cuando hayan intervenido en la celebración del contrato. Por otra parte la acción entablada contra el consumidor por parte del prestador de servicios (en este caso el Agente) solo puede ser interpuesta ante los jueces del domicilio del consumidor.

En cuanto al derecho aplicable el artículo 2655 establece una serie de supuestos en los que operará el derecho del estado del domicilio del consumidor. De no poder determinarse por este modo, se regirán por el derecho del estado del lugar del cumplimiento, si no se pudiera determinar dicho lugar, se someterá a la normativa del derecho de lugar de celebración finalmente.

XX. El Mandato en el Derecho Comparado

En el Derecho comparado las figuras de contrato de Agencia (*Agency)* en los Estados Unidos contempla todos los caracteres que reúne nuestra figura de Mandato en el Código Civil y Comercial Argentino, y lo define como "la relación que resulta de la manifestación del consentimiento por parte de una persona a otra, para que esta segunda actúe en nombre de la primera sujeta a su control y del consentimiento de la segunda para actuar de tal manera" .[64] Por ello el SPARTA regula la actividad de los Agentes deportivos por medio de esta figura contractual, que es la indicada para tutelar los derechos de las partes.

[63] Cfr. RICARDO LUIS LORENZETTI, Tratado de los Contrato Tomo II, 2° edición. Editorial Rubinzal Culzoni, Santa Fe, Argentina, 2004, 630 y ss.
[64] JORGE MOSSET ITURRASPE, Mandatos, Editorial Rubinzal Culzoni, Santa Fe, Argentina, 1996, 34 y ss.

El Código Francés (*Code)* define al mandato como representativo, guardando silencio en cuanto al mandato no representativo. En este punto la doctrina francesa se divide en aquellos que entienden que es una condición jurídica del contrato, es decir que la representatividad puede ser incluida o no (Colin y Capitant) quienes concluyen que la representatividad es una característica ordinaria y no esencial del mandato y, por otra parte, la doctrina que entiende que sin representatividad, no hay contrato de mandato (Aubry, Rau, Laurent, entre otros).[65]

En la República Federativa del Brasil, conforme a la concepción de Clovis Bevilaqua habría mandato cuando alguien recibe poderes por parte de otro, para, en su nombre practicar actos o administrar intereses. En esta definición advertimos el carácter de "representatividad", por otra parte, la Legislación recepta los tipos de mandatos gratuitos y onerosos y la actuación del mandatario puede ser "en su propio nombre", quedando directamente obligado. La Postura de Teixeira de Freitas está más vinculada a la "representación en la vida civil", no solo a las de carácter de negocios como lo entiende la legislación alemana. En la legislación Alemana, se entiende que mediante la aceptación de un mandato, el mandatario se obliga a gestionar de forma gratuita para el mandante, un negocio que éste le ha confiado, existe en esta idea una gran similitud con los conceptos del derecho romano, donde el mandato se estructura en base a la gratuidad, la confianza y la amistad, donde la motivación de constituir estos vínculos se encuentra en la posible obtención de beneficios o servicios recíprocos.[66]

XXI. Razones para su regulación legislativa a nivel Nacional

Más allá de la obligación, delegada por sus ciudadanos al Estado Nacional, de legislar todas las actividades jurídicas que generen Derechos y obligaciones de forma sinalagmática, esta relación Jugador-Agente-entidad deportiva reviste una serie de caracteres que llaman a una definición inmediata desde el punto de vista legislativo. Ya que muchas veces en este tipo de vínculos contractuales se ven implicados derechos de

[65] *Ibídem,* Cfr. Mandatos, 45 y 46.
[66] *Ibídem,* Cfr. Mandatos, 52, 53 y 54.

menores, importantes sumas de dinero, entidades jurídicas y una multiplicidad de terceros que intervienen en diferentes modos y etapas de la negociación.

Existen varias razones por las cuales reposa la necesidad de una fina y precisa regulación normativa local de la actividad de los Agentes deportivos, a saber:

- Prevención y lucha contra actividades de carácter delictivas y antijurídicas: en este punto se encuentra la evasión impositiva, lavado de activos de origen delictivo, posibles simulaciones de actos jurídicos, etcétera.
- Defensa de los derechos de los deportistas y su integridad.
- Protección de los menores de edad que se encuentran en situación de más vulnerabilidad y son más proclives a ser sometidos a tratos inhumanos, tráfico de personas, explotación laboral infantil, etcétera.
- Dar un marco de seguridad jurídica concreta a la actividad económica (entendiendo que genera derechos y obligaciones a ambas partes).

Estos puntos antes mencionados no pueden ser encasillados de forma improvisada en una figura existente en el Código Civil y Comercial sin antes tener una Ley de carácter Nacional que la defina y considere sus implicancias, ya que se presenta el riesgo de perder la seguridad jurídica de esta práctica de habitualidad marcada en la actualidad.

XXII. Conclusión

Desde su nacimiento hasta nuestros días, el deporte se ha transformado no solo en una competencia para medir o evaluar capacidades físicas y premiar a los destacados, sino que en la actualidad las diferentes disciplinas se influencian por la exposición a nivel mundial, la globalización de las competencias (donde las federaciones de todo el planeta participan), afianzamiento de estándares de conducta (durante y fuera de las competencias), contratos con marcas, contratos publicitarios y sobre todo una tendencia a formar un genuino derecho deportivo, a través de reglamentos y normativas que contienen sus respectivas interpretaciones analizados por tribunales independientes como el caso del CAS. De estas innovaciones, la figura del agente toma una especial responsabilidad, ya que debe ocuparse de gestionar y administrar un sinfín de potencial que posee el deportista de forma tal que desarrolle una carrera exitosa, o en el caso de clubes, defender los intereses y perfil de la empresa.

La creciente intervención de los Agentes Deportivos en la administración, defensa y gestión de los intereses de los deportistas y, en algunos casos, los clubes, ha sido uno de los factores determinantes a la hora de analizar un correcto encuadre jurídico de la actividad, el cuál en vista de los tipos contractuales legislados en nuestra codificación argentina, el Mandato se presenta como la estructura más sólida.

Las definiciones de Agentes Deportivos, en el ámbito de la ley SARTA con el Contrato de Agencia, más allá de tener especiales connotaciones, es un ejemplo clarificador al momento de buscar una legislación modelo, o por lo menos de base. En el ámbito portugués, la figura de Empresario Deportivo no difiere de la idea que venimos sosteniendo, llegando a establecer deberes que en todo momento el Agente (en este caso Empresario Deportivo) debe observar.

La búsqueda de un marco jurídico para tan especial e importante actividad no ha sido materia esquiva para los Tribunales Ordinarios Argentinos, los cuales con avances provechosos en algunos casos han ido moldeando a grandes rasgos el instituto en el Derecho Argentino señalando la existencia de un Corretaje, Mandato, entre otros.

El Estado se reserva para si la facultad de reglamentar o normativizar las actividades económicas o jurídicas que se celebren en el Estado Nacional y además entender en aquellas circunstancias en que el Derecho Argentino sea aplicable en caso que una obligación sea de cumplimiento en el territorio, lo cual también concibo como materia a legislar y esclarecer en este instituto que nos ocupa. Por esta razón entiendo que debe existir una regulación de carácter Legislativo emanada del Congreso de la Nación en materia de Agentes Deportivos, lo cual generará seguridad jurídica en las operaciones, facilidades a la hora de control y fiscalización por parte del estado, mayor celeridad y practicidad para quienes deseen desempeñarse como tales, entre otros motivos.

XIII. Bibliografía

- ERNST AND YOUNG, "*The economic impact of The Premier League*", London (2015), pág. 3. Disponible en http://www.ey.com/Publication/vwLUAssets/EY_-_The_economic_impact_of_the_Premier_League/$FILE/EY-The-economic-impact-of-the-Premier-League.pdf
- INTERNATIONAL CENTRE FOR SPORTS STUDIES, *Monthly Report Nº 27 – Transfer market analysis*, (September 2017), Neuchâtel, Suiza, point 2, figure 1. Disponible en: http://www.football-observatory.com/IMG/sites/mr/mr27/en/
- RAFFAELE POLI, ROGER BESSON Y LOIC RAVENEL, CIES Football Observatory, *Weekly Post 213,* Suiza, (2018). Disponible en: http://www.football-observatory.com/IMG/sites/b5wp/2017/213/en/
- THE STATISTICS PORTAL, *Total NBA league revenue from 2001/02 to 2015/16,* New York, (2016). Disponible en: https://www.statista.com/statistics/193467/total-league-revenue-of-the-nba-since-2005/
- UNITED STATES DEPARTAMENT OF LABOR, BURDEAU OF STATISTICS LABOR, NE Washington, DC. (2016). Disponible en https://www.bls.gov/oes/current/oes_nat.htm#25-0000 .
- FELICIANO CASANOVA GUASCH Y JOSE LUIS CARRETERO LESTON, "*El estatuto jurídico del Agente de Deportistas, Estudio de su problemática Jurídica",* Madrid, España, (2015), págs. 22,23 y 24.
- GRAY T. JAMES, *Sports Law Practice – Third Edition, Volume* I, ST Francisco California, EEUU, (2009),. Section 10.06.
- EUROPEAN AFFAIRS , *CENTRE DU DROIT ET ECONOMIE DU SPORT Y EUROPEAN OBSERVATORIE OF SPORT AN EMPLOYMENT STUDY ON SPORTS AGENTS IN EUROPEAN UNION,* (2009), pás 25 y 26. Disponible en : file:///E:/Charly/Ley%20agente%20deportivo/agentes%20deportivos/study-sports-agents-in-eu.pdf .
- *FEDERATION INTERNATIONALE DE FOOTBALL ASSOCIATION*, Reglamento sobre las Relaciones con Intremediarios, Suiza, (2015), capítulo IV. Disponible en:

http://es.fifa.com/mm/Document/AFFederation/Administration/02/36/77/63/2WorkingwithIntermediariesESweb_Spanish.pdf .

- *INTERNATIONAL BASKETBALL FEDERATION, Regulation Governing Players' Agents,* (2006), Suiza, disponible en: *http://www.fiba.basketball/downloads/training/agents/Regulation%20Governing%20Players%27%20Agents.pdf.*
- *FIBA ARBITRATION TRIBUNAL Arbitration Rules*, Suiza, (2007), capítulo 0.3. Disponible en : http://www.fiba.basketball/downloads/training/agents/FAT_Arbitration_Rules.pdf?v2
- *INTERNATIONAL BOXING FEDERATION, Bylaws of IBF,* Estados Unidos NJ, (2002), Arts. VI y VII. Disponible en http://www.ibfusbaregistration.com/ibfusba_02APR2014/downloads/IBFBylaws.pdf .
- *INTERNATIONAL BOXING FEDERATION, IBF Rules Governing Championship Contests,* New Jersey, EEUU, (2006), page 26. Disponible en *http://www.ibfusbaregistration.com/ibfusba_02APR2014/images/pdfs/IBFChampionshipContestRules0218.pdf* .
- *INTERNATIONAL ASSOCIATION OF ATHLETICS FEDERATIONS, IAAF Athletes' Representatives Regulations,* Senegal, (2012), capítulos 1° y 8°. Disponible en file:///C:/Users/Usuario/AppData/Local/Temp/IAAF%20Athletes'%20Representatives%20Regulations%202012%20-%20amended%20April%202014.pdf .
- *WORLD RUGBY,* Regulación 5, (2016). Disponible en: https://www.worldrugby.org/handbook/regulations/reg-5 .
- *CONGRESS OF UNITED STATES OF AMERICA, 'Sports Agent Responsibility and Trust Act",* Estados Unidos, sec. 2. Disponible en sitio web: https://www.senate.gov/legislative/active_leg_108.htm .
- CONGRESO DE LA NACION ARGENTINA Código Civil y Comercial de la Nación Argentina, Buenos Aires, (2015), art. 1479. Disponible en sitio web: http://servicios.infoleg.gob.ar/infolegInternet/anexos/235000-239999/235975/norma.htm .

- *ASSEMBLEIA DA REPUBLICA, Diário da República 1ª Série Nº 11 lei* Nº 5, (2007) , Lisboa, arts 37 y ss. Disponible en: https://dre.pt/application/conteudo/522787.
- *MINISTÉRE DES SPORTS, Code du Sport, París, (2018), título II Capítulo II. Disponible en sitio web : https://www.legifrance.gouv.fr/affichTexteArticle.do;jsessionid=BA959E5C8D4460490E1FFE506A3F4A8F.tplgfr35s_2?cidTexte=JORFTEXT000035402504&idArticle=LEGIARTI000035404683&dateTexte=20170812*
- *THE GOVERNMENT OF HUNGARY, Act I, (2004),* art 11. Budapest. Disponible en: http://www.aikido-szakszovetseg.hu/doc/lawonsport.pdf .
- *ASSEMBLEIA DA REPUBLICA, Diário da República I-Série-A nº 145 Lei 28,* Lisboa, (1998), art. 2°. Disponible en https://dre.pt/web/guest/pesquisa/-/search/basic?q=di%C3%A1rio+da+rep%C3%BAblica+s%C3%A9rie+i+a+28%2F98
- *NATIONAL COLLEGIATE ATHLETIC ASSOCIATION, What is the NCAA?* Sitio web oficial, Indiana EEUU. Disponible en: http://www.ncaa.org/about/resources/media-center/ncaa-101/what-ncaa .
- *NATIONAL CONFERENCE OF COMMISSIONERS ON UNIFORM STATE LAWS , Uniform Atlete Agent Act,* FL EE.UU., (2000), pág 8. Disponible en: http://www.uniformlaws.org/Act.aspx?title=Athlete%20Agents%20Act
- ANYA SOSTEK,"*Jock trap", Governing,* NY EE.UU., (2002). Disponible en; blob:resource://pdf.js/9964c021-34b8-4d85-8e47-9a262237db53?UAAA%20Article%20Jock%20Trap.pdf .
- NATIONAL CONFERENCE OF COMMISSIONERS ON UNIFORM STATE LAWS, *Uniform Athlete* Agents Act, (2000), EE.UU, FL, Disponible en sitio: http://www.uniformlaws.org/Act.aspx?title=Athlete%20Agents%20Act.
- *CONGRESS OF UNITED STATES OF AMERICA, 'Sports Agent Responsibility and Trust Act",* Op. Cit. Sec. 5 . Disponible en sitio web: https://www.senate.gov/legislative/active_leg_108.htm.
- ASOCIACIÓN DEL FUTBOL ARGENTINO, Reglamento sobre las Relaciones con los Intermediarios Boletín N° 5047, (2015), Buenos Aires Argentina, Arts. 1° a 14°. Disponible en sitio web: http://www.afa.org.ar/upload/reglamento/Bolet%C3%ADn%20Especial%

205047%20-%20Reglamento%20sobre%20las%20Relaciones%20con%20los%20Intermediarios%20(4).pdf

- CONFEDERACION ARGENTINA DE BASQUETBOL, Agentes FIBA en América, Buenos Aires Argentina, (2008), disponible en: www.cabb.com.ar/agentes-fiba-en-america/.
- MINISTERIO DE JUSTICIA Y DERECHOS HUMANOS, Inspección Gral. De Justicia, Resolución 810/16, Buenos Aires Argentina, (2016). Disponible en sitio web : http://www.jus.gob.ar/igj/la-igj/resoluciones-particulares/otorgamiento-de-personeria-juridica.aspx.
- FEDERACIÓN ARGENTINA DE BOX, Reglamento Argentino de Boxeo, Buenos Aires Argentina, Disponible en la página web: https://www.cad.org.ar/article/reglamentos-deportivos/31/.
- CAS ARBITRATION AWARD 2006/A/1019 G. v. O. *Award*, (2006), Suiza, Disponible en: https://jurisprudence.tas-cas.org/Shared%20Documents/1019.pdf#search=2006%2Fa%2F1019.
- CAS ARBITRATION AWARD, 2010/A/2193 Club Cagliari Calcio S.p.A. v. Club Olimpia Deportivo Award,(2010), Suiza. Disponible en https://jurisprudence.tas-cas.org/Shared%20Documents/2193.pdf.
- *CAS ARBITRATION AWARD,* 2007/A/1274 Morabito v. Ittihad Club *award,* (2007), Suiza. Disponible en: https://jurisprudence.tas-cas.org/Shared%20Documents/1274.pdf#search=CAS%202007%2FA%2F1274.
- CAS ARBITRATION AWARD, 2012/A/2988 PFC CSKA Sofia v. Loïc Bensaïd *Award,* (2013), Suiza. Disponible en: https://jurisprudence.tas-cas.org/Shared%20Documents/2988.pdf#search=2012%2FA%2F2988.
- CAS ARBITRATION AWARD, 2015/A/3962 Ciro José Sánchez c/ Enzo Pérez, Suiza, (2015).
- CAS ARBITRATION AWARD, 2015/A/4288, El Jaish Sport c/ Giovanni Funiciello, Award, (2015).
- Berman Hernán Santiago c/ Saviola Javier Pedro s/ ordinario, Juzgado Nacional Com. N° 11 Sec. N° 22, Autos y Vistos 5, Argentina (2000).
- Interplayers S.A. c. Sosa, Roberto Carlos S/ Ordinario, CNCiv., Sala A. Dra. Luaces Cons. II, Argentina, (2002).

- Nannis G. M. c/ Caniggia Claudio P. s/ ordinario, C.Com, sala B, Argentina, (2015).
- Global Foot Sports S.A. c/ Rodríguez, Clemente Juan s. ordinario, CNCom., sala A, (2008).
- Tesone R.E. c/ Vega Mario D. s/ Ordinario, CNACom. Sala B, Argentina (2013).
- Siviski Dario y Otros c/ Alvarez Cristina Osvaldo S/ Ordinario, CamNACiv., (2013).
- S. J. M. c/ Club Vélez Sarsfield y otros/ cobro de sumas de dinero, CNACiv. Sala I, Argentina, (2015). Disponible en: https://aldiaargentina.microjuris.com/2016/01/12/se-hace-lugar-a-la-demanda-contra-el-jugador-representado-en-virtud-del-convenio-celebrado-por-los-derechos-economicos-del-50-de-su-pase/ .
- COMISION DE LAS COMUNIDADES EUROPEAS, Asunto T-193/02, Luxemburgo, (2005), Punto N° 30 y ss.
- JAVIER RODRÍGUEZ TEN, Régimen Jurídico de los Agentes de los Jugadores en España y la Unión Europea, Madrid, España. 1° edición (2013), Editorial Reus, págs. 87 y ss.
- CONGRESO DE LA NACIÓN ARGENTINA, Codigo Civil y Comercial de la Nación, Título II sección 1ra arts. 966 y ss., Buenos Aires Argentina, (2005). Disponible en: http://servicios.infoleg.gob.ar/infolegInternet/anexos/235000-239999/235975/norma.htm#19.
- CONGRESO DE LA NACION ARGENTINA, Nuevo Código Civil y Comercial de la República Argentina, Ciudad Autónoma de Buenos Aires, Argentina. Editorial Visión Jurídica, Capítulo 6° , pág. 278 y ss.
- ADMINISTRACIÓN FED. DE INGRESOS PÚBLICOS, R.G. 3432/13, Ciudad Autónoma de Buenos Aires, (2013). Disponible en: http://biblioteca.afip.gob.ar/dcp/REAG01003432_2013_01_03.
- ADMINISTRACIÓN FEDERAL DE INGRESOS PÚBLICOS, R.G. 3897/16, Ciudad Autónoma de Buenos Aires, (2016). Disponible en: http://biblioteca.afip.gob.ar/dcp/REAG01003897_2016_05_24.
- RICARDO LUIS LORENZETTI, Tratado de los Contrato Tomo II, 2° edición. Editorial Rubinzal Culzoni, Santa Fe, Argentina, (2004), 630 y ss.

- JORGE MOSSET ITURRASPE, Mandatos, Editorial Rubinzal Culzoni, Santa Fe, Argentina, (1996), 34 y ss.

Printed by Books on Demand GmbH, Norderstedt / Germany